Kiezkrach

von Charly Blohm

Buchbeschreibung:

Poetry, Poesie, Geschichten, Gedichte, Lyrik gesehen und geschrieben in Dortmund.

Über den Autor:

Charly Blohm ist in einer Bergmannsfamilie aufgewachsen, Pottkind und verliebt in die Metropole Ruhr.

Die Gegensätzlichkeiten, zwischen Natur und Industrie, feiern und harter Arbeit sind in ihr verbunden.

Geschichten suchen und finden, mit Buchstaben jonglieren ist eine mühselige Maloche und Herzensangelegenheit für Charly.

Obgleich ein Alter von 32 Jahren keine Altersweisheit mit sich bringt, hat sie ihre eigene Wahrheit und einen klaren Blick auf die Welt und ihr Gefüge.

Kiezkrach

Lyrik aus Dortmund

von Charly Blohm

kiezkrach.blog

Herstellung und Verlag:

BoD – Books on Demand, Norderstedt

ISBN: 9783752687149

für alle, die an mich glauben
für die jenigen, die es nicht tun

für Dortmund, für dich, für Hase

Charly ♡

I

Champagner Poesie

Champagner-Poesie macht glücklich,
    ist teuer und lieblich.
Bläschen blubbern in die Birne,
    Worte, wirren in meinem Wesen umher.

Keins von beidem,
    einfach einzufangen,
so schnell weg,
    wie das opulente Glas geleert.

Es bleibt der glänzende Goldrand,
    verklebt mit Zucker und Gedanken.
Es folgen betrunkene Schafgeschichten,
    mit verwirrenden Schlafgedichten,
unter grellen Nächten
    und wolkenverhangenen Morgenstunden.

Kalter Kaffee

Stehe im Bahnhof, am Bahngleis,
    vor Bahnschienen.
Mein Kaffee ist kalt, meine Hände kälter,
    eine Zugdurchfahrt bringt noch mehr Kühle.

Die Zeit ist eingefroren,
    meine Gedanken noch mehr.
Die Geduld, habe ich schon lange verloren;
    Freitag ist freier Wartetag, schon seit Monaten.

Weil niemand eine Entscheidung trifft,
    sie nicht einmal sucht.

Dann überschlägt es sich,
    eine Taube landet flügelschlagend auf dem Gleis,
überlegt es sich,
    will doch nicht überfahren werden.

Der junge Schaffner ist überfragt,
    beruhigt eine keifende Oma,
weil er nicht weiß, wie man es sagt,
    wenn der Zug unbegründet verspätet ist.

Ein Pfandsammler auf dem Bahnsteig steht,
    friert und flucht,
weil es nicht anders geht,
    als weiter nach Flaschen Ausschau zu halten.

Plötzlich stehst du vor mir,
    in der Hand unser Kuscheltier.
Mein Missmut vertrocknet in Sekunden,
    weil dein Gesicht so viel Wärme ausstrahlt.

Vergessen und verziehen, dein bekannter
    vier-Tage-Hannover-Aufenthalt.

Bin überglücklich über unser Wiedersehen,
    will dich stürmisch um mich,
und im Kreise drehen,
    wie du es mit meinem Verstand tust.

Alles wieder gut und warm,
    du, festgedrückt in meinem Arm.
Deine Haare riechen nach Kokos,
    geht es mir durch den krausen Kopf.

Alles perfekt, solange du bei mir bist,
    bis Sonntag-Abend ist.
Ich dich wieder zum Bahnhof bringe,
    mich zu einem Lachen zwinge.

Du mit unserem Kuscheltier,
    in den Zug einsteigst,
deine Wärme von mir weicht,
    und langsam nach Hannover schleicht.

Zurück bleiben ich, Zweifel und Fragen.
    Wird dir in Hannover am Hauptbahnhof,
auch jemand,
    ich liebe dich, sagen?

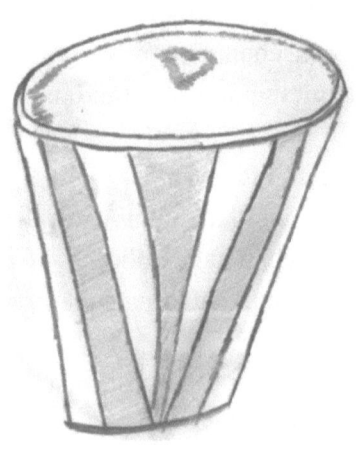

Schattenspiele

Der Schatten knabbert erst zaghaft an meinen Schuhen, um sich dann mit seinen spitzen Zähnen meine Knöchel hoch zu fressen.

Die letzten Strahlen Sonne streicheln meine Haare, während mein Kopf aus den Wolken sinkt.

Der Schatten frisst sich weiter an mir hoch und zieht den schweren Abend hinter sich.

Die Nacht möchte empfangen werden, hat Stille und Einsamkeit bei sich.

Auf Zehenspitzen sehe ich nur noch den letzten Rest der Sonnenkugel, bis sie hinter dem Horizont versinkt und jemand anderem einen frischen Tag und neue Möglichkeiten schenkt.

Auf meiner Seite des Horizontes kommt das Leben zur Ruhe. Es besinnt sich, legt sich schlafen, träumt.

Ich kann das nicht.

In meinem Kopf toben die Gedanken. Verstreuen und verteilen sich in jede Windung. Ich kann sie nicht einfangen, einräumen, ihnen Einhalt gebieten.

Meine Gedanken sind geprägt von Selbstzweifel.

Ich bin rastlos, finde aber keinen Weg. Mein innerer Kompass dreht sich wie ein Windrad im Sturm. Kenne nicht einmal meinen Standort, geschweige einen Startpunkt.

Kein Plan, noch nicht mal eine Lebensmittelunverträglichkeit.

Es ist dunkel geworden und die Kälte hüllt mich ein. Dicke Gänsehaut breitet sich auf meinem Rücken aus und ich schaue mich wild um.

Die Angst greift nach mir. Sie will ihre Klauen in meinen Rücken krallen, sich auf mich legen, mich beschweren. Ein schwarzer Schatten spiegelt sich in meinen Augen.

Ich drehe mich um, laufe mit großen Schritten nach Hause, stolper mehrmals über meine eigenen Füße, weil mein Kopf schneller denkt, als meine Beine reagieren.

In der Wohnung schließe ich die Fenster, sperre die Angst aus. Schalte jedes Licht an und verbrenne die Dunkelheit. Greife nach dem Radio und reiße es mit meinen fahrigen Händen zu Boden.

Der Aufschlag von Elektronik auf Plastik-Laminat hallt durch die Wohnung und hinterlässt noch mehr Stille. Ich grabsche nach dem Kabel und ziehe das Radio wieder hoch in meine zitternden Hände.

Weil sich meine Wohnung endlich mit Musik füllt, verzieht sich die Stille in die letzten Ecken und Ritzen.

Eigentlich müsste ich lernen, habe aber keine Lust. Ich könnte nach einem Job und einem Neuanfang suchen, weiß aber nicht, wo ich mit der Suche beginnen sollte.

Suche im Kühlschrank nach Essen, finde Bier. Auch auf dem Flaschenboden finde ich keine Antworten, aber Erinnerungen.

An lange, leichte Nächte, endlos scheinende Feste, reißfeste Freundschaftsgefüge.

Wann ist das verloren gegangen und wo muss ich danach suchen?

Wer waren diese Menschen und haben sie einen Ausweg gefunden, den Sprung geschafft?

Von Hipster zu Homeoffice?

Haus, Hund, Horde an Kinder?

Und schlussendlich, Endstation Spießer?

Das Bier macht müde, die Gedanken habe ich ertrunken, meine Augen fallen zu.

Wieder eine Nacht geschafft und alle Schatten verjagt. Gleich stehe ich im Sonnenschein und vor mir liegt eine neue Möglichkeit, irgendeinen Weg zu finden und Spießer zu werden.

Summer Sound Blues im Westpark

Sommer, geh nicht! Bitte!
   Ich bin noch nicht fertig,
fertig mit dir,
   noch nicht über dich hinweg.

Nach der Arbeit sofort raus,
   raus aus den engen Büroklamotten
und den unrealistischen Abgabeterminen,
   raus aus den vier Wänden,
gestrichen in Eintönigkeit.

Rein in das Sommerkleid,
   in dem ich dir aufgefallen bin.
Rein in den Park, auf die Decke,
   auf der Freunde, von Freunden warten.
Rein in leichte, seichte Gespräche,
   angestoßen durch prickelnde Getränke.

Sommer! Bleib noch! Ich möchte ...
   noch mehr kaltes Bier in der Sonne trinken,
   noch mehr Grasflecken aus Jeans waschen,
   noch mehr Einweggrills kaufen.
   (die umweltfreundliche Variante)

Vor noch einem Konzert stehen,
    im Konfettiregen,
in der einen Hand einen Cocktail,
    in der anderen dich.

Im Bauch, Bass und deine Schmetterlinge,
    deine Haare, golden in der Sonne,
wie die Träume in meinem Kopf.

Nach Hause schweben,
    keine Gänsehaut durch Kälte kriegen,
durch deine Berührungen schon.

Den leichten Kopf schief legen,
    um noch besser knutschen zu können
und mich komplett in dir zu verlieren.

Für den Weg so lange brauchen,
    als würden wir ihn zweimal gehen
und es egal finden.

Abende am See verbringen,
    eintauchen, abtauchen, auftauchen,
in kühles Wasser, in heiße Gefühle
    in warme Versprechen.
Getragen werden, von Wasser, von dir.

Noch einen Augenblick und einen Herzschlag oder
einen Wimpernschlag und einen Herzblick!

Einen weiteren Atemzug lang, Sonne auf der Haut,
Sonnenmilch mit Kokos, Gras zwischen den Zehen,
tropfendes Vanilleeis, Sommersprossen, Bratwürst-
chenduft, leichte Abendbrise, dein Parfüm.

Ich bin noch nicht bereit,
    für kalt und dunkel.
Graue Tage und lange Nächte ohne dich,
    mir fehlt deine Hand in meiner.

Josh! Komm zurück.
    Zurück zu mir,
zurück, wie der Sommer im nächsten Jahr.

Vernünftig sein? Tineff!

Heute bin ich unvernünftig,
    tue ich, was Spaß macht,
gehe aus, gehe raus
    bin ungeschminkt, ungestylt,
angezogen, ungezogen.

Gehe alleine auf die Straße,
    wenn *frau* auch, nie alleine raus sollte.

Tanze taktlos und mitten auf der Tanzfläche,
    weil ich es kann.
Lache laut, nehme die Hand nicht vor den Mund,
    weil ich es so will.

Heute habe ich mich,
    weil meine Freundinnen, Freunde haben.

Flirte mit den Augen, bewege meine Kurven,
    weil ich es möchte.
Trinke ein Bier, zwei Bier, ein fünftes,
    weil ich sie mir bestelle.

Ich habe alleine Spaß,
    obwohl *frau* als Single traurig sein müsste.

Dann spreche ich dich an, lache mit dir,
    ungeachtet der Regel,
dass der Mann den ersten Schritt machen sollte.

Wir tanzen miteinander, unsere Zungen bald auch,
    wenn *frau* auch erst,
  nach dem zweiten Date knutschen dürfte.

Ich gehe und gebe dir nicht meine Nummer,
    dennoch du nach ihr fragst,
zweimal und ein drittes Mal.

Es ist spät und kalt,
    entgegengesetzt meinem Zuhause,
laufe ich zu einer Imbiss-Bude.

Trotz dem ich Vegetarierin bin,
    bestelle ich mir einen Cheeseburger.
Trotz dem es nach 18:00 Uhr ist,
    beiße ich in die Kohlenhydrate.

Sitze im Nachtbus,
    auf dem Weg nach Hause,
hellwach,
    während ich müde sein müsste.

Die Schmetterlinge in mir,
    denken nicht ans Schlafen gehen.
Flattern munter weiter,
    werden zu Nachtfaltern.
Halten mich weiter wach,
    lassen mich in der Dämmerung aufsteigen.

Dann schließe ich meine Wohnungstür auf,
    erste Sonnenstrahlen streicheln meine Dielen.
Ich komme im Hellen nach Hause,
    weil ich ja vernünftig bin.

am Kanal Teil I

Vor mir liegt ruhig das Wasser. Gefangen zwischen Beton und künstlicher Natur.

Die Uhr schlägt zur vergessenen Zeit, 14:06 Uhr an einem Samstag. Für große Abenteuer zu spät, für den Rest, viel zu früh.

Eine dicke Ente fliegt über den Horizont, steuert auf den Kanal zu und zerbricht die glatte Oberfläche mit ihren orangenen Fuß-Flossen.

Die Sonne strahlt auf Halbmast, während diesige Wolken sich auf und wieder von ihr schieben.

In der Entfernung durchbricht ein Hupen die Stille, ein anderes Auto antwortet.

Durch den Wind biegen sich neben meinen Chucks, die Gänseblümchen. Die Ente hinterlässt dünne Wellenbewegungen und schwimmt den Kanal hoch.

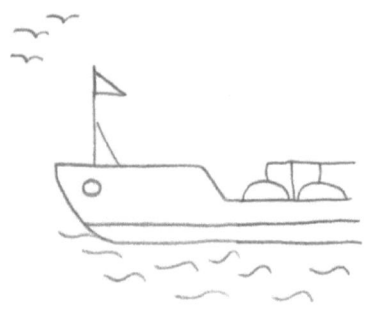

Was bin ich, also mal ernsthaft

Feministin, Veganistin, Umweltaktivistin!

Weil ich Gleichberechtigung, glückliche Tiere
    und eine saubere Welt gut finde.
Bin ich damit nur eine verlorene Idealistin?

Oder doch Sozialistin, Kommunistin, Moralistin?
    Definitiv keine Faschistin!

Oft bin ich Spezialistin,
    weiß alles und vor allem besser.
Bis ich wieder nur zur Statistin,
    in meinem eigenen Leben werde.

Wenn niemand bei mir ist,
    bin ich mit Vorliebe Nudistin,
sowie selbsternannte Konzertsolistin.

Zum Jahresende bin ich Vorzeigechristin,
    zum Jahresanfang Sportfetischistin.

Dazwischen Individualistin,
    und Hauptsache anders als die Anderen,
selbst wenn keine Anderen da sind.

In schlaflosen Nächten wäre ich gern,
  Journalistin, Kolumnistin oder Novellistin.
Bin dann, an verschlafenen Tagen,
  doch nur bürokratische Telefonistin.

Ich weiß, was ich nicht bin:
  - keine Alternative
  - kein Gegenvorschlag
  - keine Zwischenlösung

Manchmal bin ich noch weniger als nichts, fast
schon bedeutungslos und mit dem nächsten Herz-
schlag bedeutungsvoll, vieles mehr und alles.

Unterm Strich bin ich, einfach ich
  und sehr glücklich
und das reicht.
  Wirklich!

Und was bist Du?

Heute wird damals

Damals war *alles* besser,
was *alles* war, weiß keiner mehr.

Deine Haare waren voller, nachweislich,
    wie du, an endlosen Kneipenabenden.
Deine Hüften schmaler,
    dein Portmonee auch.

Viele Entscheidungen lagen weit vor dir,
    Wohnort, Jobchancen, Partnerwahl.
Viele Probleme lagen direkt daneben,
    Geldnot, abgerockte Bude, Identitätskrise.

Aber auch viele erste Male und bunte Momente,
    zwischen zu viel und keine Freizeit.

Mit deinen Mitbewohnern im Park chillen,
    am Nachmittag beim Flunky-Ball siegen.
Im Auslandssemester ferne Orte erkunden,
    die Backpackerin, wild im Schlafsack lieben.

Momente, die du tauschen möchtest, gegen:
   Morgens müde aufwachen,
über andere Kollegen herziehen,
   Überstunden verdreifachen,
und das Erledigen von Steuerkram.

Aber, gab es letzte Woche nicht ähnlich bunte Momente und andere erste Male?

In der Kneipe nicht auf jeden Cent achten,
   eigenes Grundstück bebauen,
deine eigene Meinung vertreten,
   endlich einer Partnerin vertrauen.

Momente, die du nicht tauschen möchtest, gegen:
   Stundenlang mit Klausuren auseinandersetzen,
   Angst vor Formeln und Gleichungen.
Von Abgabetermin zu Starttermin hetzen,
   dich in volle Züge ohne Sitzplatz quetschen,

Zugegeben es verlangt Kreativität und Ausdauer.

Trotzdem kannst du,
   dein *Heute* zu einem mega *Gestern* machen,
   weil es *gestern* auch nicht besser als *heute* war,
   und du nie besser ausgesehen hast,
   als genau *Jetzt*!

Beziehungsstatus / Plus One

Ich frage mich, warum du mich nicht fragst.
Hast du Angst vor meiner Antwort?
Wenn wirklich, hast du mehr Angst vor einem *Ja*
oder einem *Nein*?

By the way, ich kenne meine Antwort auch noch
nicht. Wirklich. Plus, ich habe selber Angst vor ihr.
Leider kann ich dir das nicht sagen, weil du nicht
fragst.

Die Frage hingegen, kenne ich gut und das ist
zumindest ein Anfang. Plus, ich ignoriere sie nicht,
so wie du es tust. Demnach hab ich dir einiges
voraus, das weißt du aber nicht.

Währenddessen kreist, seit geraumer Zeit, in jedem
Raum, über uns, diese eine Frage.
Dann und wann, ab und an, hin und wieder, segelt
sie langsam zu Boden und landet leise zwischen
uns. Ich schenke ihr meine Aufmerksamkeit und
wir fragen uns zusammen (also die Frage und ich)
warum du sie nicht stellst.

Uns, also der Frage und mir, wäre es lieb wenn das, was zwischen dir und mir ist, endlich eine Antwort bekommt. Plus, ich bin doch so neugierig. Du weist genau, ich möchte immer alles sofort wissen. Manchmal noch bevor ich überhaupt weiß, dass ich es wissen will.

Dein Problem kenne ich übrigens auch:
Du bist ein Aussitzer, ein richtiger Draufsitzer, der klassische Sitzenbleiber, bis der Bus auch wirklich die Haltestelle erreicht, abbremst und zum Stehen kommt.
Safety first.

Ich hingegen schnalle noch eine Rakete an den Bus und lasse mich mit einem Paragleitschirm hinter-herziehen.
At least eskalation!

Du willst nie etwas überstürzen, lieber noch drauf stützen. Plus zusätzliche Zusatz-Stützen über, um und drauf bauen.

Ich hingegen stürze immer alles um. Sofort. Falle hin, falle weiter, falle auf, bleibe liegen und stehe am Ende auf, um mit den Anderen über mich zu lachen.

Bleibt die Frage für immer ohne Antwort und ganz alleine? Auch nicht richtig, die beiden zu trennen.

Zwar sind sie ungleich und doch unzertrennlich. So wie Party und Kater, Bier und Pizza, helle Nächte und graue Morgenstunden, du und ich.

Wir könnten einen Kompromiss eingehen:
Du lässt mich in deine Festung und ich verspreche, keine Raketen mitzubringen. Höchstens eine kleine Wunderkerze, du kannst auch einen Wassereimer daneben stellen.
Für den Anfang, wäre ich gerne, deine feste
Plus One.

Aber leider kann ich dir das nicht vorschlagen, weil du mich nicht fragst.

Ich würde, übrigens *Ja* sagen.

am Kanal Teil II

Zwei weitere Enten landen auf dem Wasser und nehmen die Spur, der ersten Ente auf.

Neben meinen Chucks wächst ein Gänseblümchen weniger, weil ich es herausgezogen und etwas gefragt habe.

Als Antwort hat sich eine Gänsehaut über meine Arme gezogen, wegen der diesigen Wolken. Welche zugenommen, sich gesammelt und vor die Sonne geschoben haben.

Eine Fahrradklingel bahnt sich ihren Ton in mein Ohr, die unfreundliche Antwort des Platzmachenden gleich danach.

Ich stehe auf und setze mich wieder, weil es 14:32 Uhr an einem Samstag ist. Für Abenteuer zu spät, für den Rest zu früh.

Verliebt verloren

Verloren,
    ich habe jemanden verloren.

Obwohl, *verloren* nicht richtig ist.
    Wenn ich etwas verliere,
dann weiß ich nicht, wo es ist.

Ich kann es suchen und suchen.
    Schlussendlich finden,
und mir zurückholen.

So oder so,
    besteht die Hoffnung,
dass alles wieder zurück an seinen Platz kommt.

Mit dir ist das anders.

Ich weiß, wo du bist,
    ich muss dich nicht suchen.
Zurückholen, kann ich dich trotzdem nicht.

Die Hoffnung,
    dass du von alleine zurückkommst,
habe ich bei dir nicht.

Du suchst nie nachdem, was du verloren hast,
     schließt die Tür kompromisslos,
hinter alten Requisiten.

Wie an dem Abend, in dem verrauchten Club, als wir schon vor der Tür standen. Ich habe dich an deine Jeans-Jacke erinnert, die du unter einer roten Sitzlounge versteckt hast.

Ich wollte mich an der langen Schlange zum Eingang vorbei drücken und wieder rein, um deine Jacke zurückzuholen. Doch du hast meine Hand festgehalten.

„Die war eh alt und abgerockt", sagtest du.

Dann hast du deine Zigarette aufgeraucht, den weißen Dunst tief in den Himmel geblasen und den Filter weggeschmissen.

„Außerdem ist die Nacht schon kurz und es warten noch Abenteuer auf uns."

Damals, da fand ich den Spruch überragend, absolut herausragend und in meinem Kopf, war nichts und schon gar nichts fragend.

Zu meinem Trost habe ich dir eine neue, alte, billig-aussehende, teure Jacke gekauft.

Auf einem Trödelmarkt, auf dem niemand mehr trödelt, sondern alle nur hetzen und Selfies machen.

Weswegen dieser Markt nun Vintage- Place heißt und alles *nice* ist.

Heute hinterfrage ich mich, noch mehr als dich.

Ich kann Menschen, die ihre Sachen nicht zu schätzen wissen, nicht leiden und die Zigarettenfilter achtlos wegschmeißen schon gar nicht.
Vintage-Places und Selfies ebenso wenig *by the way.*

Deswegen stürme ich heute Nacht diesen Club, suche deine Jacke und hole sie zurück.
Du hast ja nun eine *Neue* und ich friere. Außerdem ist mir deine Jacke zu groß und ich werde mich darin verstecken, obgleich mich niemand sucht.
Damit treffe ich die Entscheidung, unauffindbar zu sein, und dieses Feeling ist deutlich angenehmer, als gefühlt eine alte abgerockte Jacke zu sein.

Dönerreste

Tauben, Scherben, Dönerreste,
    kreuzen ihren Weg.
Die letzte Bahn,
    ist schon lange abgefahren.

Der Westenhellweg wird zu ihrem Laufsteg.

Noch eine Bar, ein weiterer Club,
    nächste Chance.
Von hungrigen Blicken entdeckt,
    kurz abgecheckt.

Wertung, zwischen wertvoll und wertlos,
    billig und günstig, letztlich freiwillig.
Ein Drahtseilakt, jede Nacht, nackter Fakt,
    sie sucht sich ihren nächtlichen Pokal.

Sein Denken -> er hätt´ die Qual der Wahl.
    Taxi geteilt und fummelnd die Rückbank entweiht, Richtung Unionsviertel.

Dann:
Kissen, Küsse und Gewissen fliegen
   gezielt durchs Zimmer.
Zusammen liegen, fallen lassen, fliegen,
   genießen, 16 qm sprengen.

Auch dann:
Erstes Licht, leuchtet auf weiße Laken,
   erhellt, leichte Gedanken,
nackte Wahrheiten,
   sie will Freizeit, Leichtigkeit und Freiheit.

Kein Interesse an:
Hausbesichtigung
neue Lebensausrichtung
weitgehende Verpflichtung, na und?

Die Beute ist erlegt,
   sie bleibt nie zum Frühstück.
Die Jagd ist vorbei,
   lässt nicht einmal ihre Nummer zurück.

Scherben, Dönerreste sind schon weggekehrt,
   der Westenhellweg ist so sauber,
wie ihr Gewissen.

In diesem Großstadtdschungel ist sie die Jägerin.
Punkt.

Wellenbewegung

Wecker ausschalten,
Träume abschalten,
Routine einschalten.

Aufstehen,
das teure Laminat sehen,
langsam bis müde ins Bad gehen.

Vor dem Kleiderschrank rumstehen
und dem ungemachten Bett widerstehen.
Ausziehen, umziehen, anziehen, losziehen,

Im Büro hinsetzen,
Projekte der Mitarbeiter wertschätzen,
laufend und mal eben neue Ideen freisetzen.

Immer unter Zeitdruck, auf Knopfdruck,
immer unter Zuruf, auf Abruf.

Kreativ, spontan, hot, hip, an allem nah dran.

Letztendlich lange nach Hause fahren,
aufgesetztes Dauergrinsen,
und fröhliches Gemüt bewahren.

Tür zu,
Herz zu,
Gedanken zu

Zu müde, für neue Herausforderungen,
zu verloren, für neue Ziele,
zu resigniert, für neue Ideen.

Wozu auch?
Für noch mehr Überstunden, mehr Geld,
alles im Wechselkurs 2:1 für Konsumgüter?

Vielleicht gibt diese eine Erkenntnis,
den einen Impuls, um wieder:

auf zu tauchen,
aus zu atmen,
auf zu wachen,
aus dem Meer ohne Aussicht.

Weniger Arbeit,
weniger Verpflichtungen,
weniger Stress.

Stattdessen mehr ungebundene Lebenszeit,
mehr Hobby, mehr Herzschlagmomente,
im grandiosen Wechselkurs 1:2.

Verzichten auf die neue Uhr, die *alle* haben. Verzichten auf das neue Smartphone, das auch nicht mehr kann, als zu stören. Verzichten auf teure und kleine Essensportionen, auf zu großen Tellern in zu lauten Restaurants.

Dafür:
Sonnenuntergang,
Unendlichkeit am See,
Geruch von Freiheit, von Zeit stehen bleiben.

Damit deine Mitmenschen mit etwas wertvollen inspirieren, statt sie vermeidlich neidisch zu machen.

Weil,
Wellen erst entstehen,
wenn sich etwas bewegt.

Sei etwas.

Erinnerungen

Ich stehe in der Küche und warte. Warte darauf, dass der Kaffee gemächlich durch einen ordinären Kaffeefilteraufsatz in meine Lieblingskaffeetasse tropft und Prütt hinterlässt.

Vor dem Fenster schiebt der Wind, Kälte durch die Straßen und zwingt jedes lose Baumblatt sich mit auf seinen Weg zu begeben. Wolken ziehen über den Himmel, ändern beständig ihre Form und ziehen meine Gedanken zu alten Erinnerungen.

Manche strahlen, andere sind rissig und wieder andere riechen nach Tränen. Zu meinen Erinnerungen gesellen sich Taten und die Frage nach dem Sinn, eben dieser. Manche waren sinnlos, andere voller Unsinn und Blödsinn. Nur wenige zeichneten sich durch Feinsinn oder gar Weitsicht aus.

Einige meiner Taten gingen mit dem Zeitgeist oder waren zeitgleich auch noch geistreich.

Wieder andere mit großer Reichweite oder weitläufig.

Definitiv waren meine Taten nie beiläufig, viele zwangsläufig und doch immer fußläufig zu erreichen. So werden Taten zu Erinnerungen und jede besitzt ihre eigene, kleine, feine Berechtigung, ist eine Erkenntnis oder Bekenntnis für mein Leben.

Am Kanal Teil III

Nichts passiert. Absolut nothing!
Der Anstoß zum Derby, ist noch lange hin.

Der Hinweg zum Meer, für diese Uhrzeit, zu lang. Kater von gestern verscheucht, für einen Neuen zu hell. Die Nummer auf den Bierdeckel anrufen, verstößt gegen die 24 Stunden-Regel. Das Wetter ist zu schön für netflixen und chillen, bei Sonnenschein verbietet unantastbare Mama-Regel.

Selbst den Enten ist es bei mir zu langweilig. Sie ziehen gemeinsam quakend den Kanal hoch.

#hate

Ich sitze in einem dunkeln Raum. Mein fahles Gesicht wird vom Blaulicht des Monitors bestrahlt. Eine Strähne fällt schwerfällig in mein Sichtfeld. Ich streiche sie bestimmend zurück und schon hält sie wieder an den anderen Strähnen auf meinem Kopf fest. Meine Finger huschen über die Tastatur und hinterlassen ein monotones Geräusch in meinem halbleeren Zimmer.

Vor meiner Zimmertür wird gekämpft, noch verbal. Der Inhalt der Flasche, die auf dem Wohnzimmertisch steht, gibt den Zeitpunkt vor, ab wann aus verbal, frontal und mitten ins Gesicht wird.

Ich hämmer auf Enter und schicke meine Worte ins Netz. *Only-the-Truth* hat wieder zugeschlagen!

Diese dumme Influencerin hat es nicht anders verdient. Immer dieses aufgesetzte Lachen in die Frontkamera und noch ein Filter drauf, auf ihr ohnehin schon perfektes Leben.

Draußen scheppert es. Metal, schlägt auf Metal, es knarrt und rüttelt, klappert weiter, übertönt schließlich die Wut aus dem Wohnzimmer. Donnernd rast der Güterzug an unserem Wohnblock vorbei.

Ich knabber an einem Fingernagel und pule etwas Dreck darunter hervor. Dann schmiere ich meine Hand an der Jogginghose ab und sorge dafür, dass die originale Farbe nicht mehr zum Vorschein kommt.

Die ersten treuen Schäfchen der Influencerin kritisieren meinen Kommentar.

Ich beobachte das Schauspiel in der Kommentarspalte und tippe mit meinem Fuß kontinuierlich gegen die Pfandflaschen unter meinem Schreibtisch. Ein manisches Knistern erfüllt mein Zimmer.

„Katie ist überhaupt nicht fett und für ihren schiefen Zahn kann sie nichts. Außerdem macht dieser kleine Makel sie noch liebenswerter!", verteidigt *happy_flowergirl98* die Influencerin die nicht mehr kann, als Shampoo in die Kamera zu halten.

Die Diskussion langweilt mich und ich streife weiter durch die Social-Media-Plattform. Weitere nichtssagende Blondinen lachen mich an und halten die gleichen überteuerten Produkte in die Kamera. Alle gleich perfekt, sportlich und glücklich untergekommen in spießigen Einfamilienhäusern.

In den weiten der Plattform finde ich ein neues Profil, Frischfleisch.

„Hey, ich bin neu hier und möchte euch in mein chaotisches Familienleben mitnehmen!"

Chaotisch, ist auf ihren bunten Bildern nichts. Lachende Kinder, vegane Plätzchen und frisch gefärbte Haare.

„Wir brauchen hier nicht noch eine möchtegern-unperfekte-super-Mutti, die ungefragt ihre Kinder in die Kamera hält. Und was ist an deinem Leben chaotisch? Der SUV, die Markenklamotten oder die Werbeartikel, die du in die Kamera hältst?"

Wieder ramme ich meinen Zeigefinger auf die Enter-Taste.

Es scheppert erneuert. Wieder ein Güterzug, der Tonnen an Stahl in den Norden transportiert. Ich greife nach meinem blassgrauen Pulli und streife ihn über. Nur noch mit viel Einbildung riecht er nach Weichspüler. Mühselig ordne ich die Pullis an meinem schmalen Körper, dabei lösen sich weiße Schuppen aus meinen Zopf und rieseln auf den Boden aus Linoleum.

„JULIA!", meine Tür fliegt auf.
„Bist du taub geworden?!"

Das Scheppern des Güterzuges verklingt und die geschrienen Worte prallen in mein Zimmer.

Mit einem Ruck wird mein Schreibtischstuhl rumgerissen und ich fliege beinahe aus dem abgewetzten Kunstleder.

„Ich brauche noch *Klaren*. Geh rüber zu Ali! Zack."

Ein Schein wird mir ins Gesicht geworfen und ich rieche zu viel Alkohol und noch mehr billigen Tabak. Ich nicke und ducke mich.

So plötzlich wie der Lärm in mein Zimmer dringt, so schnell ist er weg. Meine Tür bleibt offen und ein schmaler Streifen Licht zerschneidet die Dunkelheit. Zigarettenrauch legt sich auf meinen Pulli und nimmt ihm den letzten Rest Weichspülerduft. Ein *Ping* lenkt meine Aufmerksamkeit wieder auf den Bildschirm.

Ich setze mich wieder in den Schreibtischstuhl und ziehe mich zurück an den Schreibtisch. Der dünne Pressspan zittert. Unter meinem Kommentar hat sich ein weiterer gesammelt.

„Machs doch besser, statt deinen hate ins Netz zu schieben! Obwohl deinem Profil nach zu urteilen, hast du ja nicht viel zu berichten. Bist bestimmt so ein armes Würstchen in einem abgeranzten Plattenbau, dass den Hintern nicht hochbekommt. Dann

lieber fremde Menschen beschimpfen, die du gar nicht kennst. Das ist übrigens nicht die Realität, hier zeigt sich jeder von seiner besten Seite. Ich hoffe, du bist nicht so naiv und denkst, hier führt auch nur ein Mensch das perfekte Leben. Statt zu haten, könntest du etwas bereicherndes aus deinem Leben teilen."

„Fotze!", tippe ich.

„JULIA!", schreit es aus dem Wohnzimmer.

Enter, ein weiterer Schrei, ruckeln, rattern, klappern, rumpeln. *Ping.*

Wat soll das alles?

Fragen die mich nachts nicht schlafen lassen, weil sie in meinem Kopf rumfliegen.
Fragen die in meinem Kopf rumfliegen und gegen meine Schädeldecke prallen, auf den Boden knallen und trotzdem beantwortet werden wollen.

Warum sind wir hier?
Wann sind wir wirklich glücklich?
Sollen wir überhaupt glücklich werden?
Und merken wir überhaupt,
wenn wir diesen Zustand erreicht haben?
Warum bringt Liebe,
mehr Schmerz als Liebe mit sich?
Wieso sind wir Rudeltiere und meiden wahllos Menschen?

Haare färben, ist ok, bunte Haut nur bedingt.
Ring im Ohrläppchen *ja*, durch die Nase *nope*.

Die einen im Überfluss, die anderen neben dem Fluss und unter der Brücke.

Wer bestimmt was richtig und falsch ist?
Woher kennt er die Regeln?
Oder sie?

Und wie kam er, sie oder es an diese Position?

Fragen über Fragen und die Antwort ist immer 42, weil die halbe Wahrheit 21 ist.

Müde.

Meine Augen fallen zu, möchten keine Ungerechtigkeit mehr sehen, der Körper will ruhen.
Die Arme sind schwer vom Zeigen, die Beine schwer vom Steine ausweichen.

Der Kopf fährt Karussell.

Die Ohren möchten keine Aufforderungen hören, der Mund möchte nicht zum wiederholten mal *Nein* sagen.

Doch der Kopf fährt weiter Karussell.

Das Herz will langsamer schlagen, die Lunge weniger atmen, der Kreislauf, eine Runde aussetzen.

Und der Kopf fährt noch immer Karussell.

Popcornstand

„Für welche Stelle in unserem Unternehmen interessieren Sie sich?"

„Für die Stelle am Popcorn-Stand."

„Welche Qualifikationen bringen Sie für diese Stelle mit?"

„Ich habe schon viele Träume platzen sehen."

„An diesem Stand würden Sie nicht nur süßes, sondern auch salziges Popcorn verkaufen? Wie würden Sie mit dem Salzigen umgehen?"

„Zucker drüber streuen."

„Welche Position besetzen sie aktuell in unserem Unternehmen?"

„Achterbahnfahrerin."

„Warum möchten Sie diese Position aufgeben?"

„Das ständige auf und ab, ist nicht gut für mein Bauchgefühl."

„Könnten Sie sich auch vorstellen, die Position an unserem Ballonstand zu besetzen?"

„Was wären dort meine Aufgaben?"

„Heiße Luft und Lächeln verteilen."

„Wie wird das vergütet?"

„Mit Freifahrten und Scheinen aus Papier. Warum haben Sie so ein Interesse an der Vergütung?"

„Weil sich aus dem bunten Papier, Träume falten lassen."

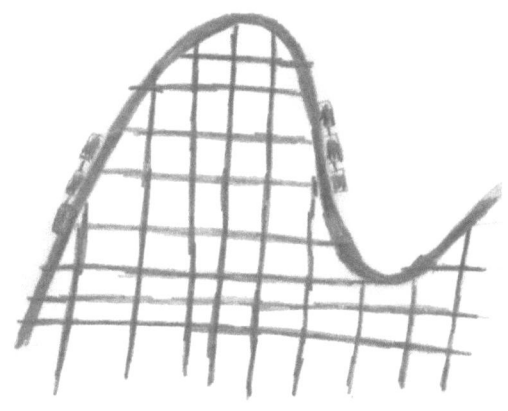

II

Bahnhofsgeflüster (HBF)

Ich stehe an einem überfüllten Bahnsteig. In einer Stadt, in der viele Menschen leben, vielleicht auch nur überleben.

Es nieselt feine Regentropfen, die sich als feinen Film auf meine Jacke legen. Regenschirm vergessen. Nässe und Kälte kriechen mir in die Knochen, ich schüttel mich. Dicker Pulli steckt im Wäschekorb.

Meine Bahn hat Verspätung und ich warte. Warte auf die Bahn. Warte auf mein Leben und die Dinge die da hoffentlich noch kommen.

Ich freue mich zu spät zur Arbeit zukommen. Der Job nervt, aber ich brauche ihn zum Überleben. Ich würde gern anders Geld verdienen, ich weiß aber nicht womit.

Bei jedem verrückten Lebenskonzept, das ich höre, das ich lese, fängt mein Herz sofort Feuer. Jeden neuen Impuls, der mir in die Arme läuft, halte ich fest. Sauge ihn tief in meine Lungenbläschen und atme den Rest aus. Das war´s.
Ändern tue ich nichts. Zu einfach, banal und zu trivial.
So verstreichen Tage und mein Leben steht an einem überfüllten Bahnsteig und wartet weiter, auf

den Zug, in dem der Letzte, mir noch fehlende Impuls sitzt.

Welchen ich dann sowieso nicht ergreifen würde, weil ich weder spontan, noch irgendetwas anderes bin, was man sein muss, um sein Leben zu ändern.

Um mich herum bewegen sich weiter Menschen. Menschen, deren Züge nicht verspätet sind. Die pünktlich einsteigen und aussteigen, nichts verpassen, nicht zu spät kommen. Nicht warten und hoffen. Ich hingegen stehe hier, nass, frierend und wünsche mir, dass etwas passiert. Selbst wenn dieser Tag so gleich angefangen hat, wie jeder andere in dieser Woche, in diesem Monat, wahrscheinlich in den letzten Jahren.

Plötzlich rauscht ein Zug den Bahnsteig entlang und reißt meine Zweifel mit sich. Wenn ich hier stehen bleibe und warte, werde ich niemals etwas verrücktes sehen, hören oder schmecken. Außer den grauen Bahnhof, mit seinen lärmenden Geräuschen, den Ruhrpottflamingos und den, billigen Kaffee aus der Bude vom Vorplatz. Der schnöde Kaffee in dem ollen Plastikbecher, den ich jeden Donnerstag und Freitag kaufen muss, weil die Müdigkeit zum Ende der Woche rapide ansteigt.

Weil mein Blutdruck immer tiefer sinkt und die Langeweile, mich immer mehr einlullt.

Was verwurzelt mich hier? Warum nehme ich keinen anderen Zug? Entscheide ich mich nicht für die entgegengesetzte Fahrtrichtung? Ich könnte dem Tag eine andere Richtung geben, am Ende etwas bewegen, Teil einer Lösung sein.

Angst. Angst ist mein Problem. Angst vor dem Ungewissen, vor dem nicht Planbaren. Angst vor dem Scheitern, vor den Blicken der Anderen. Die gleich wussten, dass es nicht funktioniert und ich erfüllt sein sollte, mit dem sicheren Job, der Riester-Rente, den Bio-Produkten im Kühlschrank.

Nicht schneller, höher, weiter. Einfach stehen bleiben, zufrieden sein, durchatmen. Weil es sich nicht lohnt etwas zu riskieren. Es ist schon alles da. Alles gesehen, erfunden, besprochen. Wozu unnötig Energien verschwenden? Ressourcen in Anspruch nehmen. Die soll man doch sowieso sparen, die Ressourcen.

Mein Zug fährt ein. Wenn ich nichts riskiere, ändert sich nichts. Quietschend kommt die Bahn am Haltepunkt zum Stehen. Es besteht eine 50/50 Chance, das es spannender wird. Die Türen öffnen sich, der Zug spukt neue Menschen auf den Bahnsteig.
Finde ich nicht immer wieder diesen langweiligen Job, mit geregelten Arbeitszeiten. Ich werde

angerempelt, weil ich mitten auf dem Weg stehe. Vielleicht nicht denselben, aber den Gleichen. Neue Menschen quetschen sich in den haltenden Zug. Endlich was riskieren, drauf los leben. Die Türen blinken, wollen sich schließen.

Vielleicht sind die Anderen im Unrecht, haben auch nur Angst einen Fehltritt zu begehen? Schwerfällig fährt die alte Bahn an.

Am Bahnsteig bleibt ein Pappbecher mit kaltem Kaffee vom Bahnhofsvorplatz zurück, der noch nie geschmeckt hat und nur gegen Müdigkeit hilft, wenn man wirklich müde ist.

Ansammlung von Menschen

Oder, was ist eigentlich Familie?
Und wann hat man eine?

Fragen, die mich begleiten, während ich durch den vollgestopften *Westenhellweg* geschoben werde.

Fragen, mit welchen ich zusammen in einem Wartezimmer einer Arztpraxis sitze und Gesprächen von Büroangestellten und Müttern behöre. Im zugigen U-Bahnhof der *Kampstraße*, sind die Fragen noch immer bei mir und schauen mich an, was auch keine Hilfe ist.

Mit meinen Augen versuche ich, diese Frage an andere Menschen weiter zu geben. Menschen, welche schnell und geschäftig von den angejahrten U-Bahn-Zügen ausgespuckt und wieder eingesogen werden. Leider greift niemand meinen Blick auf und letzten Endes, sitze ich umringt von diesen Fragen vor meinem Laptop und versuche Antworten zu finden.

Glücklicherweise lebe ich in einem Zeitalter, in dem binnen von Sekunden, Singles, passende Partner, überflüssige Gegenstände, neue Besitzer und Fragen, Antworten finden. Ich tippe die Buchstaben *Familie* in eine Suchmaschine und wähle die Bildersuche aus. Schließlich lässt sich mit Bildern alles erklären.

Eine Milliarde Pixel zeigen mir sofort, an welchen Merkmalen ich eine *Familie* erkenne:

Blonde, wohl proportionierte Mutter; Vater mit voller Haarpracht und zwei ruhig dasitzende Kinder. Schon allein diese Tatsache, macht mich stutzig.

Ruhig sitzende Kinder halte ich für ein Märchen der Werbeindustrie, aber das ist ein anderes Thema.

Skeptisch schaue ich die Fragen an, die noch immer um mich rumsitzen. Wir sind uns einig, dass wir mit dem Ergebnis der Suchmaschine nicht einverstanden sind.

Ich denke an meinen Tag zurück, an die Ansammlung von Menschen, die ich in den Straßen getroffen habe, in der Arztpraxis, im Supermarkt, in der U-Bahn.

Sind diese Menschen alle Teil einer *Familie*?

Was ist mit meinem Nachbarn und seiner verwitweten Mutter?

Das männliche Ehepaar auf dem Spielplatz, mit ihrem adoptierten Kind?

Drei Schwestern über dreißig, mit ihrem allein stehenden Vater?

Mein Lebenspartner und ich, ohne Trauschein? Zwei Alkoholiker, die auf der Straße leben und sich umeinander kümmern?

Das Rentnertrüppchen, welches sich nachmittags im Café trifft?

Familie oder nur eine Ansammlung? Nicht normkonform und nicht einfach zu erklären, da scheitert selbst das Internet im Jahr 2020.

Im Umkehrschluss kann es aber keine zutreffende Definition für dieses Wort geben, weil es ein Gefühl ist.

Familie ist gemütlich, schenkt einem Sicherheit, Vertrauen, Mut und die Kraft für einander einzustehen. Auf Bildern nicht festzuhalten, nicht erklärbar.

Meine Familie entspricht nicht der Norm, taucht nicht in der Suchmaschine auf und bedeutet mir Unendliches. Mein eigener, kleiner Kosmos, mehr gibt es dazu nicht zu sagen.

Bleibt noch die letzte Frage zu klären, mit welcher Intention ich dieser Wortansammlung, Platz in meinem Buch schenke.

Mein Ziel ist es nicht, dass das Internet demnächst andere Bilder auswirft, die alternativer sind oder dem Zeitgeist entsprechen. Formulare auf Ämtern sollen ebenfalls nicht weiter an unnötiger Länge gewinnen, nur weil es eine Auswahlmöglichkeit mehr gibt.

Ich wünsche mir eine andere Perspektive von meinen Mitmenschen und selbst von mir, weil es an hektischen Tagen in Vergessenheit gerät, von überholten Konzepten Abstand zu halten. Stattdessen aufzusehen, aufzuhorchen und aufzunehmen.

Einen weiten Blick über den Tellerrand zu wagen, über den hohen Gartenzaun und auf die andere Straßenseite, auf die Menschen, die durch unglückliche Fügungen, in ihrem Leben einsam sind.

Jemanden, der ständig alleine beim Bäcker um die Ecke sitzt, mal zu einem gemeinsamen Kaffee einladen. Etwas von der eigenen Zeit spenden und unserem Gegenüber ein gemütliches Gefühl schenken, in den kälter werdenden Tagen. Hilfe kostenlos und vor Ort leisten, einfach so.
Weil es nicht so abwegig ist, irgendwann auch in eine einsame Situation zu kommen, und dann würde sich jeder von uns, über einen kleinen Lichtblick freuen.

Und während ich das hier schreibe, sind alle Fragen, die mich den ganzen Tag verfolgt haben, verschwunden.

Schön, endlich wieder Ruhe in der Bude.

Glorifizierung der Welt

Hätte ich mehr Geld, könnte ich mir alles kaufen und müsste mich um nichts mehr sorgen.

   -> außer der Sorge, den Reichtum zu verlieren.

Wäre ich so schlank wie die neue Kollegin, würden mich Männer auch interessant finden.

   -> die Kollegin, möchte aber nur von einem Mann beachtet werden, er sieht sie aber nicht.

Würde ich den spannenden Beruf meiner Nachbarin ausüben, hätte ich morgens auch gute Laune.

   -> inklusive der schlaflosen Nächte.

Wenn mir der richtige Mann begegnen würde, könnte ich auch eine große Familie gründen.

   -> inklusiver dünner Haushaltskasse.

Warum machen wir uns abhängig von Konjunktiven? Aus *hätten*, *würden*, *möchten*? Aus Neid?
Wieso sehen wir das Leben anderer Menschen als perfekt, das eigene als unperfekt?

Weil wir von der Perfektion anderer Menschen und der ganzen Welt ausgehen. Das ist auch schon die Krux der Geschichte.

Ein *one-Million-Dollar-Wurf* und wir müssen treffen, anders kann es gar nicht sein. WIR sind fehlerhaft, nicht das Spiel. Nicht zu glauben, dass wir dieses eine Leben fehlerhaft beginnen, führen und zum Schluss unfertig verlassen.

Dabei ist nichts, auf dieser schönen Welt perfekt. Jeder Vorteil bringt einen Nachteil. Jedes Licht, wirft Schatten. Durch Lautstärke wird Flüstern überdeckt. Alles ist und bleibt perfekt unperfekt. Fertig und verbesserungsfähig, fehlerhaft und trotzdem voll funktionstätig.

Deswegen lauf einfach los, versuch es auf gut Glück, mit Glück auf. Nicht zerdenken, zerreden, zerreißen.

Es könnte ja einfach gelingen, geflirtet und gefeiert werden, obwohl der Ausgangspunkt nicht ideal ist.

Denn am Ende zählen die erreichten Meter und keine Urkunde.

Am Ende zählt dein Leben und nicht deine Fehler.

Und welcher erste Versuch, war schon perfekt?

meins ist nicht deins

Unser Zusammenleben wäre problemloser, bunter, vielfältiger, würden wir uns nicht in fremde Leben einmischen und über diese urteilen.

Alle sind tolerant, solange die Toleranz mit *Normal* einhergeht. *Anders* als die Anderen sein (Ja klar!), unter der Voraussetzung, dass *anders*, trotzdem *gleich sein* bedeutet.

Verrückt und gegen die Norm leben, jedoch nur so verrückt, wie die normkonforme Masse.

Voreilig treffen wir Meinungen über Lebensverhältnisse, -umstände und -entscheidungen. Menschen werden, wie alte Socken, in zu volle Schubladen gezwängt. Fremde Lebensentwürfe werden zerschnitten, seziert und zusätzlich mit einem Passepartout verkleinert, damit sie in den Rahmen passen, der Zuhause noch übrig ist. Bisschen Klarlack drüber und konserviert für die Ewigkeit. Super!

Das sind Eigenschaften und Einstellungen, die im Jahr 2020 nichts, aber auch absolut nichts, verloren haben.

Wer da anderer Meinung ist, möge bitte seinen Koffer packen und mit Hilfe des Fluxkompensators in das Jahr 1920 zurückreisen (wo er auch keine Bereicherung ist).

Und zum Thema Zeitreisen bzw. Menschen die Dimensionssprünge beherrschen oder eine funktionierende Kristallkugel ihr Eigen nennen, diese Personen existieren nur in Märchen. Ehrlich.

Freundschaften, Ehen, Beziehungen, Versprechen ... deren Ende kann niemand voraussagen oder prophezeien. Sie dauern so lange, wie alle Beteiligten es wollen.

Warum mischen wir uns in Beziehungen ein, die wir nicht führen, uns nichts angehen und wieso sind diese eigentlich interessanter als die Eigenen? Wozu die ganzen negativen Kräfte?

Nach diesen Erkenntnissen können zumindest schon einmal alle vorhandenen Kristallkugeln entsorgt werden oder besser noch: *Upcycling!*

Bisschen Glitzer, Wasser, ne Kitschfigur, alles rein in den Bums, umdrehen und fertig ist die Schneekugel. Weil, eine Sache ist tatsächlich vorauszusagen, Weihnachten kommt bestimmt! Wahrscheinlich noch in diesem Jahr. Der 24-Zigste wird da schon ganz heiß gehandelt, aber man weiß ja nie.

Die überschüssigen Energien, die in Lästereien, Mobbing und Ausgrenzung gesteckt werden, einfach mal abwandeln oder gleich umwandeln.

In Liebe, echte Aufmerksamkeit oder ehrliches Interesse. Und wenn das alles nicht in Frage kommt, was auch vollkommen in Ordnung ist, dann einfach mal, auf sein eigenes Leben konzentrieren.

Es, in ein einzigartiges und Echtes verwandeln, ohne negative Kräfte.

Letztlich haben wir nur dieses eine mal und es sollte das schönste Mal sein. Statt gegeneinander, füreinander und gemeinsam, statt am Ende einsam.

Schluss mit *„ich bin ja tolerant, aber ...“*,

Punkt und Ausrufezeichen.

Du

Es ist Monate her, vielleicht fällt der Zeitraum auch schon unter, *es ist Jahre her*.

Da stehen wir plötzlich auf derselben Party.

Schon lange, habe ich nicht an dich gedacht. Lediglich die Art, wie du an der Tür klingelst, katapultiert dich in meine Gedanken und plötzlich stehst du im Flur unseres Gastgebers. Deine Stimme ist mir sofort vertraut und dein helles Lachen erinnert mich an unsere gemeinsamen Zeiten.

Trotzdem wir in diesen Zeiten wenig zu lachen hatten. Wir haben hauptsächlich *deine Probleme* ausdiskutiert, analysiert, seziert und weiteren Kram, von dem ich nicht einmal wusste, dass man es mit Problemen machen kann.

Weil es bei dir nie rund lief, Studium, Männerprobleme, deine schwierige Mutter, nie die passenden Schuhe im Regal. Tragische Dinge, die sonst niemand in seinem Lebensrucksack mit sich trägt, schon gar nicht ich. So haben wir wahllos gelacht und geweint, wie es dein Takt vorgab, bis es mich genervt hat.

Ein einziges Mal nur, wollte ich den Auftakt geben oder einfach taktlos sein. Keine Chance bei dir. Du wolltest den Dirigentenstab nicht aus der Hand geben, also musste ich deine Show verlassen.

Eine Aktion, die tagtäglich mit unzählbaren Liebesbeziehungen genau so funktioniert. Man trennt sich, schlicht und einfach. Weil der Partner einen anderen Weg einschlägt oder eine neue Form von Lebenseinstellung oder Sexstellung mit der neuen Assistentin.

Fakt ist:
- Wohnungen werden aufgelöst
- Namen in Smartphones wie *Schatzi* oder *Schnubbel* werden in reale Namen umgeändert oder gleich gelöscht
- künftige Familienfeiern als Single, werden unangenehm
- beim nächsten Aufeinandertreffen des Ex wirft man sich einen verachtenden Blick zu oder tauscht im besten Falle noch Klatsch und Tratsch aus

Nice.

Bei Freundschaften ist dieses Unterfangen deutlich schwieriger. Denn im Endeffekt reicht es nicht einmal für eine Freundschaft. Ein Fakt, der auch dich verletzt hat und weswegen ich von dir ignoriert werde. Einfach so.

Obwohl wir die Ersten auf der Party sind und es im Grunde für dich nur die Möglichkeit gab mich zu begrüßen, würdest du dich an gesellschaftliche Gepflogenheiten halten. Tust du aber nicht. Du begrüßt spärlich die anderen verfrühten Gäste, überschwänglich die Freundin des Gastgebers und mich gar nicht.

Als wäre ich unsichtbar. Als hätte ich mir diese Entscheidung leicht gemacht, unsere Freundschaft aufzugeben. Ich habe schlecht geschlafen, *Pro* und *Kontra* abgewogen, *Für-* und *Wider*-Listen geschrieben und konnte mit niemandem darüber reden.

Ohnehin blieb das Ergebnis immer gleich. Ich hatte keinen Platz in deiner *One-Woman-Show* und dein Programm war es nicht Wert, dir meine Lebenszeit zu schenken.

Jemand fragt mich, ob ich noch ein Bier möchte, ich nicke und halte mich an dem braunen Altglas fest.

Ist dein Stolz so groß, dass du nicht über ihn steigen konntest, um mich zu begrüßen?

War nicht etwas Mut übrig, mir wenigstens die Hand zu reichen?

Oder mich anzulächeln? Mir zu sagen, dass du es schön findest, dass ich noch immer deine alte

Jeansjacke trage. Oder, dass dir mein Lidschatten gefällt und wirklich gut meine dunklen Augenränder kaschiert.

Du hättest mich auch auf den Rotweinfleck auf meinem Schuh ansprechen können, den du mir bei unserer letzten Party verpasst hast. Ich hätte jeden Faden aufgegriffen und mit dir zu einem Pulli gesponnen, wirklich jeden.

Umso größer ist meine Enttäuschung und meine Entscheidung war richtig, deine Show zu verlassen.

Obgleich ich nachts noch von dir und unserer Zeit träume. Weil es zwar wenige, aber umso buntere Momente gab.

Phönix-See, Digga

Ich sitze in einem harten Ratankorbstuhl. Meine Augen wandern über die akkurat gefliesten Terrakottafliesen, hin zu den ordentlich geschnittenen Buchsbäumen. Ich knibbel an dem harten Rattan und schwere Gedanken drücken meinen Kopf runter.

Meine Augen werden kleiner, der vergangene Arbeitstag hallt in meinem Kopf. Meine Glieder zucken und ich drücke meinen Zeigefinger in eine scharfe Kante, des abgeknibbelten Ratan. Ruckartig setze ich mich auf und schüttel den Kopf.

Von meiner Terrasse sehe ich Menschen, ihren Abendspaziergang, um den Stadtsee abmarschieren.

Könnte ich auch tun oder in einem der schicken Restaurants und Bars sitzen. Im Prinzip möglich, in der Realität nicht. Ich bin kaputt von dem Job, den meine Rechnungen für mich ausgesucht haben.

Wein! Ich belohne mich mit Wein. Außerdem schläft es sich nach einer Flasche besser ein.

Mit Schwung schiebe ich die maßangefertigte Terrassentür auf und bringe die üppigen Orchideen auf der Fensterbank zum Erzittern.

Schon im nächsten Moment schlage ich mit meinen Knien auf das Echtholz Parkett auf. Einen Atemzug lang, ist mir schwarz vor Augen und dann ein zweiter, während es hinter mir surrt.

Schwerfällig stehe ich wieder auf und sehe im Augenwinkel den Staubsaugerroboter an der Terrassentür entlang fahren. Erst morgens bin ich an derselben Stelle über das surrende Elektrogerät gestolpert.

Laut App fährt der rotierende Staubalptraum täglich vier Stunden spazieren, trotzdem weht mir in der Küche eine dicke Wühlmaus entgegen.

„Du kostest eine Unmenge an Watt und arbeitest nicht gründlich!", blöke ich das Gerät an, welches hinter der Wohnlandschaft verschwunden ist.

In der Küche begutachte ich den Inhalt meines Mahagoni-Weinregales und lese die fürstlichen Namen der Weinflaschen vor. Letztlich greife ich nach irgendeiner Flasche, schließlich stammt jede aus einer exquisiten Weinprobe.

Bedacht gieße ich den edlen Tropfen in das fein geschliffene Glas und schwenke den Inhalt gegen den Uhrzeigersinn. Ich nehme einen Schluck, lasse ihn auf der Zunge zergehen und trinke das Glas in einem weiteren Zug leer. Vergessen, die edlen Beeren und rauchigen Eichenfässer, der stressige Arbeitstag, dafür auch.

Mit einem weiteren gut gefüllten Glas gehe ich zurück ins Wohnzimmer, lasse das Bürstenmonster passieren und trete auf die Terrasse. Begleitet von einem *knacken*, falle ich zurück in den Ratanstuhl.

Nur im Augenwinkel sehe ich etwas meine Stuhllehne hoch krabbeln. Ein kleines, flauschiges Tier. Direkt hinter ihm, das Nächste.

Panisch springe ich auf und streiche über meine Arme. Angewidert inspiziere ich meinen Körper auf weitere dieser Biester.

Ich luge hinter den Sessel und sehe wie zwei weitere Kuschelbällchentiere etwas von meiner Terrasse futtern. Ich stürme rein und kann dem brummenden Staubsaugalptraum knapp ausweichen. Mit großen Schritten stürme ich zum Haushaltsschrank und reiße die Tür auf.

Der kleine Raum, der die Größe meiner ersten Studentenwohnung hat, ist bis unter die Decke vollgestopft. Umständlich krame ich zwischen Schlittschuhen, Tupperdosen und einem Schnellkochtopf, den ich letztes Jahr Weihnachten gesucht und nicht gefunden habe. Altes Geschirr, Wanderschuhe und diverse Gesellschaftsspiele schiebe ich zur Seite.

Die App auf meinem Smartphone piept und signalisiert mir, das der Reinigungsprozess, des Wattfressers für heute abgeschlossen ist.

„Stimmt!", rufe ich und schlage mir, fester als gewollt, vor die Stirn.

„Ich habe meinen Staubsauger weggeschmissen, als ich dich gekauft habe."

Genervt schlage ich die Tür der kleinen Kammer zu und höre wie sich einige Dinge in dem Hauswirtschaftsraum erschrecken und zu Boden poltern. Energisch reiße ich den Wattfresser aus seiner Ladestation und Feierabend. Ich bugsiere ihn auf die Terrasse und drücke ihn fest auf den Steinboden.

„Tu was!", ordne ich an und er fährt zielgerichtet auf die weißen Plüschtiere los. Diese zeigen sich, ähnlich den Staubmäusen, wenig beeindruckt von dem Surren und den Hyperpräzisionsbürsten. Eines der Pluschkugeln klettert auf das Bürstengerät und hält sich daran fest. Ein zweites und drittes folgen und schon wird der Wattfresser zur Achterbahn.

„Das ist noch nicht zu Ende!", prophezeie ich und stolper in das Wohnzimmer, weil sich mein Strickjäckchen in dem Fliegengitter verfängt. Ein *Ratsch*, deutet auf das Ende des Jäckchens hin. Mit glühendem Kopf reiße ich abermals die Tür des Hauswirtschaftsraumes auf.

Irgendwo zwischen Bügeleisen, Keramikföhn, Waffeleisen und Tablet, finde ich eine Gießkanne.

Ich ziehe an ihr, doch sie hält sich verbissen am Wäscheständer fest.

Mit einem weiteren Ruck entreiße ich dem Ständer die Kanne und bringe sie in meine Gewalt. Mit dem nächsten Atemzug flute ich schon die Terrasse, samt Plüschtierchen.

Wie von einem Magneten angezogen, steuert das Bürstensaugstaubgerät auf die Wasserlache zu und saugt die Flüssigkeit ein. Ich tänzel um die Pfütze rum und will nach dem Elektrogerät greifen, da zieht es schon seinen letzten Saugzug und verstummt. Ohne das Surren und rödeln ist es still auf der Terrasse. Die puschigen Knäulchen tummeln sich weiter ihren Weg aus dem Gebüsch zur erlegten Bürstenachterbahn. Wie Bezwinger posieren sie auf dem teuren Elektroschrott.

Da mein Bürstenstolperstein dahin ist, stapfe ich, ohne zu stolpern, in die Küche und wühle mich durch den Apothekerschrank. Aus dem hinteren Regal krame ich Bio-Essig und Premium-Backpulver hervor.

Zurück auf der Terrasse verteile ich großzügig, wenngleich verschwenderisch die Säure. Anschließend verstreue ich manisch das Pulver.

Die Pluschtierchen bewegen sich langsamer, einige quellen auf und platzen, andere ertrinken in dem Essig. Nach einigen Minuten ist alles auf der

Terrasse so bewegungslos wie mein Wattbürsten-monster. Zufriedenheit breitet sich in mir aus.

Meine Smartwatch zeigt Viertel nach zwölf und ich stelle den Timer meines Kaffeevollautomaten vor. Zur Sicherheit drehe ich die Bohnenstärke hoch und bin mir sicher, dass das Koffein den Schlafmangel beseitigen wird.

Damit sich diese Geschichte nicht nur nach Wahn-sinn liest, tauschen wir die plüschigen, weißen Kuscheltiere einfach gegen Ameisen aus.

Fragen uns dennoch, warum wir wahllos entschei-den dürfen, was Leben darf und was nicht? Oder entscheidet die Gesellschaft für uns?

Allen voran die Frage, brauchen wir so viele Dinge? Und ist es Wert, für Plastik Überstunden zu machen?

Rettet die Prinzessin

Ich sitze auf einem zu kleinen Sofa, in meinem alten Kinderzimmer, im nirgendwo auf dem Dorf. Dass es mal ein oder mein Kinderzimmer war, sieht man nicht mehr.

Die unzähligen Löcher in den Wänden, verursacht durch Heftzwecken, die *Christina Aguilera* und *Britney Spears* an eben dieser gehalten haben, sind frisch und weiß gestrichen. Wo einst mein Schreibtisch stand, mit meiner *Diddle-Maus-Figuren-Sammlung*, steht nun ein Crosstrainer. Neben dem Gästebett lehnt ein Bügelbrett und davor stehen zwei Wäschekörbe. Der alte Phonoschrank, mit den Disney-Videokassetten, blieb hingegen unbewegt. Auf ihm thront, mein kleiner Röhrenfernseher. Ein Geschenk zur Erstkommunion voll funktionsfähig und seit 21 Jahren an Ort und Stelle.

„Mario der Arsch! Der gewinnt das Spiel immer", flucht meine kleine Schwester, die nicht mehr klein ist, in Richtung Fernseher.

„Das stimmt. Das hat der Blödkopp schon damals immer gewonnen."

Damals, in den 90ern. Als alles besser war und Fernseher auf Phonoschränken standen, nicht auf Sideboards.

Meine Schwester würfelt mit ihrem Controller eine *Sechs* und wir beobachten, wie *Yoshi* um diese Zahl auf dem virtuellen Spielfeld vorrückt.

Dann bin ich an der Reihe. Ich lasse den Würfel besonders lange rotieren, betätige auf meinem Controller den blauen Knopf und zum Vorschein kommt eine grandiose *Eins*.

„Der *Pilz* tauscht bestimmt gleich seinen Platz mit *Bowser* und der klaut mir dann meine Münzen!", prophezeie ich und schaue zu, wie meine Spielfigur auf dem Fernseher vorrückt.

„Wozu nimmst du auch *Peach*. Die kann nicht richtig würfeln."

„Kein Plan, der alten Zeiten Willen."

Plastik knallt vor Holz, der Staubsauger verursacht Lärm vor der Tür.

„War das früher auch so stressig?", fragt meine Schwester. „Und wozu mussten wir früher kommen, wenn wir eh ins Kinderzimmer eingesperrt werden?"

„Willst du wie Papa draußen rumgescheucht werden und Reparaturen erledigen, die schon seit Monaten fällig sind?"

„Papa muss das nur machen, weil Tante Hanne aus Hannover kommt."

„Wahrscheinlich. Sei froh, dass wir im Weg standen und jetzt hier chillen können."

„Stimmt auch. Würfel!"

Ich betätige erneut den blauen Knopf und kann diese Runde mit einer *Zehn* auftrumpfen.

„Kaum zu glauben mit den Schuhen!"

Ungläubig beobachte ich Prinzessin *Peach* beim Vorrücken. Pinkfarbenes Kleidchen mit diversen Unterröcken, hohe Pumps, dazu eine blonde Föhnfrisur. Nicht gerade das passende Outfit, um Superstar zu werden.

By the way auch verständlich, dass *Bowser* sie ständig entführen konnte. Die packst du dir mal eben unter den Arm und fertig. Wie willst du mit solchen Schuhen wegrennen? Und wer musste es richten? Der arme *Mario* und ich. So konnte aus seiner Zwei-Mann-Klempner-Firma nichts werden und aus meiner Mathe-Note schon gar nichts.

„Deine Schuhe waren früher auch nicht besser. Diese komischen *Buffelos*. Schrecklich," kramt meine Schwester in meinen nostalgischen Gedanken.

Ansonsten erinner ich mich nur noch an bessere Zeiten als die aktuellen.

Draußen spielen, Lagerfeuer, auf Bäume klettern, alles ohne Playlist, Stream oder Tutorials. Mutproben, wie auf dem Festnetz bei Freunden anrufen und mit deren Eltern telefonieren, oder einen dreifach gefalteten Zettel mit der alles entscheidenden Frage dem Schwarm überreichen. Diddlblätter statt Likes. *Bla bla bla*, unterbreche ich meine Melancholie.

Die 90er, eine Zeit, in der an gleichgeschlechtliche Ehen nicht zu denken war. Frauen selbstverständlich und stillschweigend weniger verdient haben. Als Umweltschutz noch was für Menschen in Cordhosen war.

Eine Zeit, in der Niemand über Mobbing, Depressionen oder Burn-out gesprochen hat und somit die Betroffenen ohne Hilfe blieben.

Die eingeschränkten Urlaubsziele und Hürden, wie gültiger Reisepass und die passende Währung. Dazu schwerwiegende Entscheidungen Körperschmuck oder Ausbildungsberuf.

Work-Life-Balance, Elternzeit, Me-Time, Mindestlohn, waren noch nicht erfunden und machen unser Leben heute, leichter und schöner.

Wie oft wir unsere Zeit im Internet vertrödeln und ob wir unser Smartphone mehr anfassen als unsere PartnerInnen, bleibt uns selbst überlassen.

„Würfel endlich!", blökt meine Schwester.
„Du weißt doch, dass Oma und Opa immer zu früh kommen."

Postgeflüster

Endlich bin ich angekommen! Ich habe einen ordentlichen Knick, mein weißer Umschlag ist voller Flecken und staubig, aber ich bin angekommen, nur das zählt. Trotzdem es nur einige Tage waren, kommt mir meine Reise wie eine Ewigkeit vor ...

Es ist ein kalter und trüber Morgen. Behutsam werde ich von einer Kommode gehoben und in einen Jutebeutel gesteckt. Endlich weg von der ollen Kommode, die im Halbdunkeln steht und endlich raus aus der Wohnung, die abends mit stinkendem Rauch gefüllt wurde. Hoffentlich hat mein Umschlag keinen gelben Schimmer!

Draußen weht der Wind stark und schüttelt mich in meinem Beutel ordentlich durch. Zweimal knalle ich an etwas Hartes.
„Vorsicht! Meine Ecken!", brülle ich durch den Stoff.
    Im nächsten Moment wird es still und eine kräftige Hand greift nach mir. Sanft streichelt mich die Hand.
„Grüß mir die Kleine! Ich bemühe mich, jeden Tag, wirklich", dann wird der Schlitz des gelben Briefkasten geöffnet und ich werde reingeworfen.

Es ist dunkel und zugig. Ich lande auf einem dicken Umschlag und neben einem kleinen Päckchen.

„Noch eine Weihnachtskarte!", piepst das kleine Päckchen.

„Spät dran, Kleiner!", stellt der dicke Umschlag fest. „Das schaffst du niemals pünktlich."

„Kommt er halt zu Ostern an", frotzelt ein Luftpolsterumschlag.

Ich bleibe stumm und beachte den Tumult nicht, stattdessen träume ich von dem Weihnachtsbaum, neben dem ich schon bald stehen werde.

Es werden noch weitere Briefe zu uns geworfen und der Tumult wird immer lauter. Erst ein Ruck bringt die anderen zur Ruhe. Die Dunkelheit wird durchbrochen und wir werden unliebsam in eine gelbe Box hineinbefördert.

Wir werden durch einen Bahnhof getragen, in dem reger Betrieb herrscht. Menschen hasten eilig von links nach rechts, versuchen Züge, Busse und Taxen zu erreichen. Dann gibt es eine Erschütterung. Im nächsten Moment fliegen wir durch die Eingangshalle des Bahnhofs und landen auf dem Boden, der mit Schneematsch bedeckt ist. Eine Ecke meines Umschlags ragt gefährlich nah an einer Pfütze aus Asphalt und Schnee.

Ich sehe den Postboten, mit seiner halbleeren Kiste in der Hand. Wütend brüllt er einem Kerl mit Fahrrad hinterher, der hektisch zu einem Bahngleis eilt und die Beleidigungen abwinkt.

Fahrig werden die Briefe wieder zurück in die Kiste geräumt, nur ich bleibe auf dem Boden zurück, weil ich zu weit gesegelt bin.

„Hey! Hier bin ich! Vergiss mich nicht!", brülle ich dem Postboten zu. „Ich kann hier nicht liegen bleiben, ich habe eine Nachricht zu übermitteln!"

Doch der Postbote schaut sich nur halbherzig um und sammelt nur die Briefe in seiner Nähe ein. Ich wackel wie wild mit meinen Ecken und versuche mit meiner filigranen Schrift seine Aufmerksamkeit zu bekommen, aber vergeblich.

Er dreht sich um und kämpft sich weiter durch das Gedrängel.

„Entschuldigung! Sie haben einen Brief verloren!", höre ich eine weiche Stimme sagen. Eine zarte Hand hebt mich hoch und streicht meine Ecken glatt.

Leichtfüßig läuft sie dem jungen Postboten hinterher und hält ihn an seiner Jacke fest, weil er ihre Stimme im Gewirr nicht wahrnimmt.

„Was?", der Festgehaltene dreht sich fahrig um, während noch mehr Stressflecken seinen Hals hochklettern.

Gerade noch in der Nähe der rettenden Kiste, werde ich wieder zurückgezogen.

„Entschuldigen Sie, ich wollte Sie nicht aufhalten, aber Sie haben etwas verloren."

Schlagartig erweichen sich die Gesichtszüge des Mannes und er kratzt sich unbeholfen seinen drei Tage-Bart. Er hält ihr die Kiste hin und ich lande wieder bei den anderen.

„Danke, sehr nett! Den hätte sicherlich jemand vermisst."

„Niemand sollte an Weihnachten vermisst werden", erklärt die junge Frau. Ich möchte meine Reise fortsetzen aber niemand bewegt sich.

Die beiden möchten sich nicht trennen, wissen aber nicht, was sie noch zusammen halten soll.

„Schöne Feiertage!"

„Danke, auch so. Und einen guten Rutsch!"

„Das wünsche ich auch."

„Danke."

„Danke."

Auf Gleis 11 erhält Einfahrt der RE 11 nach Aachen.

Und mit einem letzten Blick eilen zarte Hände, leichtfüßig zum Gleis.

Im Postverteilzentrum fliege ich mit den anderen Briefen wieder aus der Kiste, dieses Mal allerdings gewollt. Wir landen auf dem Band der Sortiermaschine und werden in einer Affengeschwindigkeit durch schmale Schienen gejagt.

„Schneller, schneller!", feuert ein schwerer brauner Umschlag die Maschine weiter an. Mir ist schlecht. Als ich es kaum noch aushalte, lande ich auf einem langsam fließenden Förderband. Ich bin mir sicher, dass in mir, kein Buchstabe mehr an seinem Platz ist. Abermals lande ich in einer Kiste und werde in einen hellen Raum getragen.

„Na Tony? Wie läuft die letzte Nachtschicht vor den Feiertagen?"
    „Zieht sich."
„Noch drei Stunden, dann haste es geschafft. Hier sind noch Briefe, die nicht zugeordnet werden können."
    Einige Briefe tragen nur noch halbe Empfangsaufkleber, anderen fehlt die Hausnummer oder die letzte Ziffer in der Postleitzahl. Die Handschrift meines Absenders, ist zu geschwungen, für eine programmierte Maschine. Ich werde per Handarbeit weiterverteilt, weil ich eben ein echtes Handarbeitsprodukt bin.
    Mit anderen Briefen lande ich in einem Fach und muss mich wieder in Geduld üben, während ich zusehe wie Tony weiter sortiert und gähnt.

Diese monotone Bewegung macht mich duselig und ich nicke ein. Ich träume von glitzernden roten Kugeln, von duftenden Tannenzweigen und Augen die interessiert meine liebevollen Worte lesen. Ehrfürchtig werde ich von Hand zu Hand gereicht und bewundert, bis mich eine Hand unsanft angrabscht.

Ich schrecke aus meinem Traum hoch und finde mich in einem Déjà-vu wieder, weil ich erneut durch die Luft segel und auf dem Boden lande.

„Sorry!", brüllt eine Frau aus dem Nebenzimmer. Ein weiterer Luftstrom erobert das kleine Büro und schiebt mich unter einen Rollcontainer, der neben einem Schreibtisch steht.

„Mensch Lina! Jetzt mach doch mal dein Fenster zu!"

Ein letzter Windstoß weht über den Boden und greift mich noch einmal auf. Ich mache mich leicht und versuche in das Sichtfeld des Mitarbeiters zu rutschen. Aber keine Chance. Gerade einmal eine kleine Ecke meines Umschlags lugt hervor.

Ich schreie und tobe, wackel mit allen vier Ecken. „Hallo! Hilfe! Hier bin ich! Vergisst mich nicht!", aber niemand nimmt Notiz von mir.

Schließlich läutet eine Glocke, schwere Schritte eilen umher und schließlich wird das Licht gelöscht.

„Nein! Nein! Nein!", fluche ich, aber es ist vorbei, mein Schicksal besiegelt.

Ich werde nicht zu Weihnachten ankommen, keinen geschmückten Baum sehen, meinen Auftrag nicht erfüllen.

Kleine Staubflusen kriechen durch den Raum und eine besonders Dicke macht sich auf mir breit. Resigniert liege ich in der Stille.

„Na, Kleiner? Ich hoffe, du bist kein Weihnachtsgruß!", durchbricht eine schwere Stimme die Stille. Erst jetzt bemerke ich den grauen Briefumschlag, der hinter der Schreibtischrückwand eingeklemmt ist.

„Doch", antworte ich resigniert und möchte mich lieber in Selbstmitleid suhlen, als Fragen zu beantworten.

„Nimm es nicht so schwer. Nach den Feiertagen finden die dich und dann geht deine Reise weiter. Über Weihnachtskarten freut man sich auch nach dem Heiligenabend", erklärt er sanft. Dabei unterdrückt er ein Husten.

„Ich wollte aber pünktlich kommen!", brülle ich heraus, weil die Wut mich packt.

„Die anderen blöden Briefe und Päckchen haben es auch geschafft! Mit ihren dummen ausgedruckten Adressaufklebern und weil sie klobig und schwer sind. Nur ich gammel hier rum!"

„Na, na, Kleiner. Der Einzige der hier wirklich rumgammelt, bin ich. Den Rollcontainer, unter dem du liegst, schieben die Putzfrauen zur Seite und dann geht deine Reise weiter. Und in der Zwischenzeit freue ich mich über deine Gesellschaft. Die Feiertage sind sehr langatmig allein, musst du wissen", wieder hustet er los und wirbelt noch mehr Staub auf.

Ich schiele zu dem Brief und bemerke, dass auch er mal weiß war. Eine seiner Ecken hat einen ordentlichen Knick. Von der einen Ecke spannt sich eine dicke Spinnwebe bis weit zum nächsten Metallschrank. Bei jedem Husten wackeln die filigranen Buchstaben, auf seiner Empfangsadresse.

„Wie lange bist du schon hier?", frage ich kleinlaut.

„Schon gut. Ihr Grünschnäbel, reagiert alle gleich. Wenn ich mich zurückerinnere, habe ich auch so wütend reagiert. Mittlerweile habe ich mich mit meinem Schicksal abgefunden", wieder folgt ein Husten. „Vorgestern sind es genau drei Jahre."

Mir fällt nichts Passendes auf diese Antwort ein. Stattdessen schiebe ich mit einer meiner Ecken, eine Staubfluse zur Seite.

„Manche Dinge sind nicht zu ändern, so gut unsere Vorhaben auch sind. Manchmal stellt sich uns das Schicksal in den Weg. Wir müssen uns damit abfinden, dass Worte nicht übermittelt werden. Das Schöne ist, manchmal kommen gute Worte nicht an, manches Mal dafür auch keine schlechten."

Eine Theorie, die mich nicht aufmuntert.

„Ich trage aber schöne Worte in mir und ein selbstgeschriebenes Gedicht! Und ganz viel Hoffnung!"

„In mir ist viel Wut aufgeschrieben, Enttäuschung die Aufforderung eines Kontaktabbruches."

„Vor Weihnachten?"

„Vor Weihnachten."

„Und von wem wurdest du geschrieben? Und wo solltest du hin?"

„Von einer jungen Frau, zu ihrem Vater."

„Wie schrecklich."

„Aber, Kleiner. Der Vater hat diese bösen Worte nie erhalten, ich bin hier."

Diese Tatsache bringt mich durcheinander. Der alte Brief hat recht und irgendwie nicht.

„Damit wäre es positiv, dass du verloren gegangen bist?", versuche ich mein Chaos zu ordnen.

„Genau. Ich liege hier zwar verloren herum, aber in mir lebt die Hoffnung, dass die Tochter sich mit ihrem Vater versöhnt hat und sie schon das zweite Weihnachten zusammen feiern."

„Eine schöne Vorstellung."

„Keine Vorstellung. Realität, Kleiner", wieder hustet er Staubwolken auf. „Solange wir beide nichts anderes hören, ist es Realität."

Diese Worte hallen lange in mir nach.

Der alte Brief hingegen, freut sich, über meine Gesellschaft an Weihnachten und hat trotz seiner misslichen Lage schon viel gesehen und erlebt. An meiner Stelle lagen schon viele Briefe und alle wurden gefunden und zugestellt und soweit sich der alte Brief erinnern kann, hatten alle einen positiven Inhalt.

Nach den Feiertagen blendet das Licht grell, der Rollcontainer wird zur Seite geschoben und ich komme zum Vorschein.

„Gute Reise, Kleiner! Genieß den Moment, an dem du gelesen wirst!", ruft mir der graue Brief zu und bleibt weiter unentdeckt.

„Ich werde dich nicht vergessen! Alles hat einen Sinn, ich glaube fest daran!"

Dann werde ich in die Verteiler-Box gesteckt und bleibe auch drin. Ein paar Briefe verspotten mich, weil ich zu spät dran bin und garantieren mir, dass niemand mehr auf mich wartet. Ich beachte sie nicht, weil ich weiß, dass alles einen Sinn hat. So auch ich, die liebevoll gestaltete Weihnachtskarte, die zu spät kommt.

Nach langer Reise werde ich in einen silbernen Briefkasten gesteckt, auf dem der Name meines Empfängers steht. Ich bin voller Vorfreude, trotzdem ich einen ordentlichen Knick an einer Ecke trage und Flecken mich zusätzlich zieren.

Der Briefkasten wird geöffnet und mein Empfänger zieht mich raus, mit skeptischen Blick werde ich begutachtet und mehrmals umgedreht. Lange, steife Schritte tragen mich ins Haus. Ich kann einen Blick ins Wohnzimmer erhaschen, in dem der opulent und schwer geschmückte Baum steht. Daneben steht ein kleiner Beistelltisch, auf dem die anderen Karten bereits thronen.

In der Küche steht das saubere Geschirr, verziert mit Goldrand, aus dem es wahrscheinlich nur die edelsten Speisen gab. Der kümmerliche Rest, des Adventskranz, brennt gerade runter. Die Flammen kommen dem vertrockneten Tannengrün immer näher.

Mein Umschlag wird geöffnet und ich komme zum Vorschein. Der zierliche Baum auf der Vorderseite kommt nicht gut an, die guten Wünsche darunter werden nur halbherzig überflogen. Nicht schlimm, ich punkte mit dem selbstgeschriebenen Gedicht auf der Rückseite!

„Was für ein Blödsinn! Er ist nicht einmal in der Lage, einen Brief pünktlich in den Briefkasten zu schmeißen."

Mit Schwung lande ich im Papierkorb, neben Kartonage und zerrissenem Geschenkpapier.

Ich bin entsetzt, meine lange Reise war umsonst. Meine Hoffnung und mein Auftrag, alles war sinnlos. Ein Werbebrief, der die Szene beobachtet hat, versucht mich wieder, aufzubauen. Ich bleibe stumm.

Der Rest des Tages zieht an mir vorbei, ohne das ich Notiz davon nehme. Am Abend wird der Papierkorb gepackt und fahrige Schritte tragen uns raus.

Eine Hand zuckt über mir und scheint nach mir zu greifen, sie zögert. Im nächsten Augenblick landen wir in der großen Papiertonne. Wieder liege ich in der Dunkelheit, obwohl mein Platz doch neben den anderen Weihnachtskarten sein sollte.

„Du hast mich gar nicht verdient!", schreie ich gegen den geschlossenen Deckel. „Nicht ein einziges Wort hast du verdient zu lesen!"

Die Tageszeitung versucht mich, zu beruhigen, aber ich schreie weiter und tobe und schlacker mit meinen vier Ecken.

„So ist der Lauf der Dinge. Wir werden gelesen und entsorgt. Unsere Worte bleiben in Erinnerung, das ist doch das Wichtigste."

Ich ignoriere die Zeitung. Was weiß die schon? Sie ist schließlich für nur einen einzigen Tag hergestellt worden. Ich war für mehr bestimmt. Am Ende der Feiertage sollte mein Platz in einem Tagebuch sein oder einer schön verzierten Kiste, in der Erinnerungen aufbewahrt werden.

Die Tage vergehen und es wird eng in der Tonne. Weitere Briefe und Tageszeitungen werden auf mich geschüttet. Das Geschenkpapier rückt in die Minderheit, Reklame nimmt zu.

Langsam finde ich mich mit meinem Schicksal ab und halte mich an einer anderen Hoffnung fest. Vielleicht haben der junge Postbote und die zarten Hände, durch mich, zueinandergefunden.

Am nächsten Abend wird der Container geleert, erklärt uns eine Briefmarke, die schon seit Jahren auf dem Boden des Containers festklebt. Wenigstens komme ich noch ein bisschen herum, bevor meine Reise sich dem Ende neigt.

Während ich noch einer Geschichte der Briefmarke lausche, gerät der Container ins Wanken. War der Morgen schon gekommen?

„Die finden wir nie wieder!", stellte eine junge Stimme fest und öffnete den Container. Ein heller Lichtstrahl durchbricht die Dunkelheit.

„Manchmal muss man Glück haben", antwortet eine andere Stimme und eine junge Frau lugt in den Container. Sie fängt an, in uns zu wühlen.

„Leuchte mal in die Ecke. Es muss weiter unten sein. Ist ja schon ein paar Tage her."

Wir werden ordentlich durcheinandergebracht.

„Da ist das Ticket!", stellt die junge Frau fest und greift nach einer Konzertkarte, die auf mir drauf liegt. Die Konzertkarte jubelt, während das Licht noch weiter auf mir ruht.

„Das ist aber eine schöne Handschrift!", stellt die junge Frau fest und greift nach mir.

Sie liest mein Gedicht und lächelt, dann reicht sie mich weiter zu ihrem Partner. Auch dieser liest mich mit neugierigen Augen.

„So etwas Schönes schmeißt man nicht weg!", stellt er fest.

„Stimmt!"

Tanzende Schritte tragen mich weg vom Container und durch ein Treppenhaus mit klobigen, grünen Fließen.

Eine Tür wird aufgeschlossen und Wärme durchströmt mich. Wieder werde ich an einem Weihnachtsbaum vorbei getragen, in Richtung Küche.

Statt im Papierkorb zu landen hält ein Magnet mich am Kühlschrank fest und ich schaue aus dem Fenster. Vor mir liegt eine Stadt.

Draußen ist es schon dunkel und in den meisten Wohnungen leuchtet warmes Licht. Fast in jedem Fenster erkenne ich einen Weihnachtsbaum.

„Wow!", staune ich und weiß nicht welchen Baum ich zuerst begutachten soll.

Vielleicht ergibt am Ende, doch alles einen Sinn. Vielleicht ist ein Umweg, genau der richtige Weg für uns. Wir wissen es nicht, aber die Hoffnung bleibt.

Be my valentine

Die *B1* ist vollgestopft, bei jeder Grünphase schaffen es drei Autos über die Kreuzung. Ich stehe an 284 Stelle und brauche damit noch sehr viele Grünphasen um auch nur in die Nähe meiner Wohnung zu kommen.

„Trödel nicht!", brülle ich sinnlos rum. Er fährt über das orangene Licht und lässt mich vor dem Roten zurück. Fahrig kratze ich meinen Unterarm und löse damit feine Hautschüppchen, die in meinen Schoß rieseln.

Manisch fixiere ich das Ampellicht, während der Scheibenwischer versucht, mich abzulenken. Das orangene Signal leuchtet auf, ich trete das Gaspedal durch und lasse die Kupplung zu schnell nach oben schnellen. Das Getriebe beschwert sich mit einem metallischen Kratzen und die Leuchten des Armaturenbretts erlöschen. Hektisch starte ich den Wagen, während hinter mir gehupt wird. Ich erwische noch die letzte Nuance von orange und lasse meinen Hintermann zurück.

Mein schlechtes Gewissen hält nur einige Minuten an und wird von der nächsten Wutwelle ertrunken. In meiner Straße ist nicht eine Parklücke freigeblieben!

Ich entferne mich immer weiter von meiner Wohnung und finde schließlich, einen viel zu kleinen Parkplatz, im angrenzenden Stadtteil.

Ohne Schirm, weil im Büro vergessen und mit Jacke ohne Kapuze stampfe ich den Weg zurück.

Schweratmend friemel ich den kleinen Briefkastenschlüssel in das krumme Schloss und hole einen Wust aus Werbung raus. Dazwischen tummeln sich noch zwei Rechnungen und ein Brief in einem roten Umschlag. In geschwungener Schrift prangt mein Name auf dem feinen Papier.

Ein Wassertropfen, der sich langsam aus meiner Haarsträhne löst, tropft auf eben diesen. Sofort weicht die Stelle auf und die schwarze Tinte verläuft. Ruckartig strecke ich den Brief von mir und laufe unter das Vordach der Eingangstür. Mühselig schließe ich die schwere Eingangstür auf, ohne den Umschlag aus den Augen zu lassen.

„Das ist ein Wetter da draußen, oder?", stellt meine Nachbarin aus dem Erdgeschoss fest, kaum das ich den Hausflur betreten habe. Wie jeden Tag trägt sie einen bunten Rock und die dazu passende Bluse. Ihre weißen Haare sind ordentlich in einen Dutt gedreht.

„Da haben Sie recht Frau Korkowsky. Morgen soll es so weiter gehen. Können wir nicht ändern", kanzel ich sie ab, während ich schon den zweiten Stock erklimme. „Schönen Abend noch!", rufe ich runter und schlage die Wohnungstür laut hinter mir zu.

Ich schmeiße die klatschnasse Reklame auf den Boden, streife meine Jacke ab und lege sie darauf. Meine matschigen Stiefeletten lasse ich achtlos daneben liegen und widme mich dann wieder dem mysteriösen Brief.

Es ist kein Absender vermerkt, frankiert ist er auch nicht. Bekannte oder gar Freunde habe ich hier nicht, außer ...

Mein Ex! Das passt zu ihm! Monate nach seinem Seitensprung, einen peinlichen Brief schreiben und zurück in den sicheren Hafen *Beziehung* wollen. Da ist ihm seine Arbeitskollegin aber schnell langweilig geworden.

Triumphierend greife ich nach dem Brief. Die Lage dieser Wohnung ist eh grauenvoll. Dann bekomme ich meinen Job wieder, den sich die Schnepfe unrechtmäßig ergaunert hat.

Langsam reiße ich das dicke Kuvert auf. Wir könnten unseren geplatzten Sommerurlaub nachholen? Ich ziehe schweres Papier aus dem Umschlag. Ganz so einfach werde ich es ihm aber nicht machen. Dann falte ich den Brief auseinander. Ein frischer Duft von Frühling, Blumen und Sonne kitzelt in meiner Nase.

Liebe Sandra,

wir kennen uns lange und doch nicht wirklich. Das liegt daran, dass ich dir oft nicht auffalle.
Deswegen bin ich dir aber nicht böse. Der Alltag ist turbulent und rast an uns vorbei. Da sind die Gedanken überall und zeitgleich nirgendwo.

Deswegen würde ich mich gerne mit dir treffen und bewusst Zeit mit dir verbringen.

Am 14. Februar um 18:00 Uhr,
in dem kleinen Bistro im Kreuzviertel.

Ich hoffe sehr, dass du Zeit für mich hast und kommst.
Küsse und eine feste Umarmung!

Der wichtigste Mensch in deinem Leben

Meine Gedanken fahren Karussell. Von meinem Ex ist dieser Brief definitiv nicht. Aber wer sonst weiß, wo ich wohne, und schickt mir eine so liebevolle Einladung?

Mein Herz macht einen Sprung. Ein heimlicher Verehrer! Ich habe einen heimlichen Verehrer! Jemand, der sich um mich bemüht und Zeit mit mir verbringen möchte!

Mit einem Schlag ist alles leicht. Die dunklen Tage rücken weit in den Hinterkopf. Es geht wieder bergauf. Endlich. In sieben Tagen habe ich ein Date!

Mit Euphorie und begleitet von lauter Musik, räume ich die Wohnung auf. Beseitige Spuren, die sich bereits hartnäckig in Teller eingefressen haben und verkleinere den Wäscheberg.

Am Ende des Tages nehme ich noch ein Erkältungsbad und weihe damit die Wanne ein, obwohl mein Umzug schon einige Tage her ist.

Meine Gedanken kreisen um meinen heimlichen Verehrer und die Geschichten in meinem Kopf werden zunehmend bunter.

„Egal wer es ist, ich werde nicht enttäuscht sein!", erkläre ich meiner Badeente und tauche noch einmal unter dem Schaummeer.

Am nächsten Morgen schwebe ich regelrecht zu meinem Auto. Die frische Morgenluft durchströmt mein Gehirn und ich bewundere die ersten Krokusse, die sich in den Vorgärten bereits tummeln.

„Guten Morgen Sandra!", ruft mir eine bekannte Stimme zu. Eine junge Frau kommt auf mich zu und winkt noch einmal.

„Ach, guten Morgen ...", antworte ich und verstumme dann, weil mir ihr Name nicht einfällt.

„Was machst du denn hier?"

„Ich wohne hier", und zeige mit dem Daumen hinter mich. „Die Straße ein Stückchen weiter hoch."

„Das ist ja witzig. Wusste ich gar nicht. Und dann sind wir uns hier noch nie über den Weg gelaufen? Verrückt."
Ich zucke entschuldigend mit den Schultern und erkläre ihr nicht, dass ich mich die meiste Zeit Zuhause einigele.

„Soll ich dich mit zur Arbeit nehmen? Mein Auto parkt gleich hier hinten."
Sie lacht und schaut auf ihre Armbanduhr.

„Vielleicht möchtest du lieber mit mir U-Bahn fahren? Es ist doch die Hölle abends über die *B1* zu kommen?"

„Müssen wir dann nicht unendliche Male umsteigen?", hinterfrage ich skeptisch.

„Nur einmal am *Westentor* und da müssen wir nur auf die andere Seite der Haltestelle."
Ich nicke.

„Du hast dich noch nicht sonderlich eingelebt, oder?", stellt sie fest, während wir zur U-Bahn Station gehen.

„Ne. Nicht so wirklich."

„Gefällt dir der Job nicht?"
„Doch schon. Mein Ex geht mir nicht aus dem Kopf und mir fehlt die schöne Wohnung mit dem haus-

eigenen Parkplatz", schiebe ich zu meiner eigenen Überraschung hinterher.

Sie schaut mich mit großen Augen an und schmunzelt. „Hört sich nicht so an, als wäre dein Ex, das Objekt der Begierde."

„Mh. Irgendwie nicht, oder?", stelle ich fest und lache mit.

Die Bahn fährt ein und bleibt quietschend vor uns stehen. Wir steigen ein und stellen uns in den Gang.

Von der Seite beobachte ich meine Kollegin. Sie trägt schwarze und vor allem saubere Stiefeletten, dazu eine Skinny Jeans. Meine Stiefeletten tragen noch dicke Matsch-Flecken von gestern und sind an einigen Stellen dunkel verfärbt. Meine abgewetzte Handtasche baumelt zu meinen Füssen und könnte auch als bessere Mülltüte durchgehen. Wann habe ich mich so verloren? Und wie konnte mein heimlicher Verehrer so, auf mich aufmerksam werden?

Im Büro verkrieche ich mich wieder hinter meinen Ordnern, bedacht nicht aufzufallen und mit niemanden ins Gespräch zu kommen. Warum eigentlich? Ruckartig stehe ich auf und greife nach meiner Kaffeetasse. Schluss mit verstecken. Zielstrebig steuer ich die Teeküche an, ohne einen weiteren Plan. Wie es der Zufall so will, steht meine

Kollegin aus der U-Bahn neben der Kaffeemaschine und liest geschäftig einen Zettel.

„Hey", lenke ich die Aufmerksamkeit auf mich.

„Sandra! Guck mal, der Laden hat bei uns um die Ecke aufgemacht. Sollen wir da nach der Arbeit hin?" Sie streckt mir den Zettel entgegen, auf dem prangt:

Secondhandbude-Kiezkrach, schonmal getragen,
aber immer noch laut.

Bevor ich absagen kann, unterbricht uns eine weitere Kollegin, die mit ihren roten Locken fast den kleinen Raum sprengt.

„Mahlzeit Svenja!", begrüßt sie meine U-Bahn-Begleiterin. Stimmt! Svenja! Wieso ist mir das nicht mehr eingefallen? Ich hoffe inständig, dass ich den Namen der Lockenpracht nicht kennen kann.

„Mahlzeit! Danni", antwortet Svenja, als könnte sie Gedanken lesen.

„Was ist das Spannendes?", fragt Danni und schielt auf den Zettel.

„Da hat ein neuer Laden bei uns um die Ecke aufgemacht. Sandra und ich wollen da nach der Arbeit hin. Kommst du mit?"

„Klar."

Nach Feierabend finde ich mich mit Svenja und Danni in dem Laden wieder.

Entlang der Wand hängen ausgefallene und bunte Kleider, die meinen momentanen Stil, schwarz, grau, Jeans, vollkommen sprengen.

„Wie wäre es mit diesem Kleid? Das würde dir super stehen", erklärt Danni und streckt mir ein rotes Kleid entgegen.

„Ich weiß nicht. Wann soll ich das tragen?", ein gewagtes Outfit für die Couch, füge ich in Gedanken dazu.

„Wir gehen Samstag Cocktails trinken, komm doch mit", schlägt Svenja vor.
„Vielleicht lässt sich in der Bar ein neuer Freund mit Parkplatz aufreißen", witzelt sie weiter.

„Oder du bleibst allein und führst ein glückliches Leben" mischt Danni sich ein und zieht mich lachend zu den Umkleidekabinen.

Das rote Kleid steht mir. Selbst der Preis von 20,00 Euro ist mir keine Hilfe, es wieder zurück zu hängen. Ich könnte das Kleid zu meinem Date tragen!

„Überredet ich kaufe es!", rufe ich aus der Umkleidekabine.

Am Abend falle ich in mein Bett und freue mich über den zusätzlichen Platz. Ich rekel mich über die Matratze und kuschel mich unter die große Decke, die nur mir gehört. Halbherzig greife ich zu meinen Nachtschrank und taste nach meinen Schlaftabletten. Noch bevor ich das Döschen ertastet habe, dusel ich weg.

Samstagmorgen kommt, ohne das mein Wecker mich um 11:00 Uhr daran erinnert. Ich brühe mir einen Kaffee auf und merke, wie erste Zweifel in mir hochkriechen.

Was wenn mein Verehrer den Brief in den falschen Briefkasten geworfen hat? Wenn ich gar nicht gemeint war? Wenn sich blanke Enttäuschung in seinem Gesicht ausbreitet, kaum dass ich um die Ecke biege?

„Nein!", mit Wucht stelle ich die Kaffeetasse zurück auf den Küchentisch und die braune Flüssigkeit verteilt sich auf meinem Handrücken.

Ich schmeiße mir Jeans und Pullover über, greife meine Jacke und stürme raus.

Im Flur stolper ich über meine schnellen Schritte und Falle im Erdgeschoss Frau Korkowsky in die Arme.

„Guten Morgen! Sie haben es aber eilig!", stellt sie unnötig fest und überprüft ihren Dutt nach unserem Zusammenstoß.

„Der frühe Vogel, Sie wissen schon", unterbreche ich sie erneut und reiße energisch die Haustür auf.

„Haben Sie ein gutes Wochenende und passen ...", mehr höre ich von ihrem Gerede nicht.

Entschlossen wechsel ich die Straßenseite und steuer den nächsten Friseursalon an. Mit Schwung schmeiße ich die Tür auf. Erst die Azubine, die hinter dem Tresen steht, kann mich in meinem Aktionismus bremsen, weil sie mich erschrocken ansieht. Die Aufmerksamkeit des gesamten Ladens ruht auf mir und meinen tornadohaften Auftritt. Ich räusper mich.

„Guten Morgen", flüster ich in den Raum und schließe die Tür leise und langsam. Dann schleiche ich auf die Azubine zu und frage nach einem Termin.

Sie nickt eifrig, bringt noch einen Schritt zwischen uns und bedeutet mir, im Wartebereich Platz zu nehmen.

Kaum das ich sitze, greife ich wahllos nach einer Zeitung und halte sie mir vor mein glühendes Gesicht. Die Gespräche um mich herum nehmen wieder an Fahrt auf, während ich vorgebe geschäftig zu lesen. Erst nach Minuten bemerke ich, dass alle Buchstaben auf dem Kopfstehen.

„Was bekommst du?", unterbricht der Friseur nach einer Weile mein Gedankenchaos.

„Einfach was Neues", antworte ich wahrheitsgemäß, weil ich mir vorher keine Gedanken gemacht habe, was das Ziel dieser Aktion ist.

„Das wird nicht schwer", kommentiert der Friseur meinen Zustand.

In den nächsten drei Stunden werden meine Haare, schamponiert, in Kur getränkt, mit Farbe bearbeitet, gekürzt und geformt, während ich angestrengt versuche meine Zweifel, zu unterdrücken.

„So!", verkündet der Friseur und schiebt mich näher zum Spiegel. „Ich finde, wir haben das Beste aus dir rausgeholt."

Ich suche meinen Blick im Spiegel und begutachte meine Haare. Sie sind kürzer, glänzen wie verrückt und fallen in weichen Wellen auf meine Schulter. Ich strahle.

„Jetzt ist es wirklich perfekt!", kommentiert er und zwinkert mir zu.

„Und der Rest lässt sich bestimmt auch regeln."

Ich nicke und weiß, dass er Recht behalten wird, obwohl er nichts von mir weiß.

Das restliche Wochenende fliegt in bunten Farben an mir vorbei. Gerade einmal mein juckender Ausschlag erinnert mich an die dunklen Tage. Widerwillig gehe ich nach der Arbeit zu einem Hautarzt und zeige ihm das Ergebnis der letzten Wochen exzessiven Kratzens.

„Damit hätten Sie schon eher kommen sollen", maßregelt mich der Hautarzt, dem ich nun gegenübersitze. Er schaut mich durch seine runden Brillengläser einen Moment länger an als nötig.
„Das muss seit Wochen unangenehm jucken."

„Nein. So schlimm ist es nicht", lüge ich ihm vor, und widerstehe der Versuchung meinen Unterarm an seinem kantigen Schreibtisch zu rubbeln.

„Deswegen habe ich den Ausschlag auch immer wieder vergessen."

„Das kann ich mir nur schlecht vorstellen", erwidert er und greift in eine Schublade hinter sich. Dann schiebt er mir eine kleine Tube zu.
„Das sollte erst einmal Linderung verschaffen. Sie sollten aber nicht versäumen, das Rezept in der Apotheke einzulösen."

Ich nicke eifrig und greife nach der Tube.

„Soll ich Ihnen die Salbe schon hier auftragen?"

Wieder nicke ich und strecke ihm meinen Unterarm entgegen.

„Sie sollten *umsichtig* mit Ihrer Gesundheit umgehen, Frau Lieblich. Egal, in welcher Lebenslage Sie sich gerade befinden."

„Sie haben recht", pflichte ich ihm bei, weil er wirklich recht hat.

Auf dem Rückweg denke ich über seine Worte nach und besonders das Wort *umsichtig*, hängt mir lange in den Ohren.

Ich steige an meiner Haltestelle aus und gehe an dem kleinen Blumenladen vorbei. Jeden Tag arrangiert der Besitzer seine Auslage neu und setzt eine andere Blume spektakulär in Szene.

Einem Impuls nachgebend greife ich mir einen großen Strauß und trage ihn rein zur Kasse.

„Hervorragende Wahl, Mädchen!", kommentiert der Herr mit bereits ergrautem Haar, meinen Strauß. „Ranunkeln, eine typische Februar-Blume, aber völlig unterschätzt, wie so vieles im Leben!", sinniert er weiter während ich nach meinem Portmonee krame.

Auf dem Heimweg fällt mir ein, dass ich überhaupt keine Blumenvase für einen so großen Strauß besitze. Ihn auseinanderzurupfen und dann auf mehrer Biergläser verteilen, ist auch keine Maßnahme.

Vor der Haustür weiß ich, wem dieser Strauß gerecht wird. Ich schließe die Tür nicht auf, sondern klingel und warte, bis der Summer ertönt.

„Haben Sie ihren Schlüssel verloren?", fragt Frau Korkowsky besorgt.

„Nein, nein. Ich wollte zu Ihnen und Ihnen die hier schenken", dabei strecke ich ihr den großen Strauß entgegen.

„Mir? Aber warum?" Frau Korkowsky wirkt berührt, möchte mir die gelben Blumen aber nicht abnehmen.

„Sie kümmern sich so liebevoll um unser Haus, nehmen Päckchen entgegen und sorgen sich um uns. Da wollte ich Ihnen eine kleine Freude machen", erkläre ich und schließlich nimmt sie mir den Strauß ab.

„Ich bin doch sowieso den ganzen Tag Zuhause. Das macht mir keine Mühe", winkt sie ab. Sie riecht an den Blumen und ein fast schon jugendlicher Blick umspielt ihre Falten.

„Seit mein Alois gegangen ist, hat mir niemand mehr Blumen geschenkt", erklärt sie mir und ihre Augen werden glasig.

„Dann war es höchste Zeit", erwidere ich und blinzel schneller als gewöhnlich.

„Danke! Das ist wirklich sehr nett von Ihnen!", sagt Frau Korkowsky und greift nach meiner Hand, um sie festzuhalten.

Um Punkt 18:00 Uhr betrete ich das kleine Bistro. In dem abgedunkelten Vorraum steht ein junger Kellner und begrüßt mich freundlich. Erst jetzt fällt mir ein, dass ich nicht weiß nach wem ich überhaupt Fragen soll. Bevor ich etwas zusammen stottern kann, fragt er mich nach meinem Namen.

„Sandra Lieblich", flüstere ich, weil außer leiser Musik nichts zu hören ist.

„Ein schöner Name", stellt er fest und hakt ihn auf seiner Liste ab. „Bitte folgen Sie mir."

Mit pochendem Herzen folge ich ihm durch einen langen Flur. Wir gehen an mehreren Separees vorbei, deren Eingänge mit roten und goldenen Stoffen verdeckt sind. An der gegenüberliegenden Wand hängen jeweils pompöse Kerzenhalter und tauchen den Flur in ein Schimmern.

Vor einem Separee bleiben wir abrupt stehen und der Kellner schiebt den Vorhang zu Seite.

„Bitte sehr", fordert er mich auf und ich halte den Atem an.

Ich setze mich an den runden Tisch, auf einen gepolsterten Stuhl. Mit großen Augen schaue ich mein Gegenüber an, während der Kellner den Vorhang zufallen lässt. Ich schaue mich suchend im Raum um und blicke dann wieder mein Gegenüber bzw. mich selbst an, weil es mein Spiegelbild ist. Auf dem schweren Tischtuch liegt ein weiterer Brief.

Liebe Sandra,
schön das Du gekommen bist!

Du siehst sehr gut aus und wie Du selber feststellen kannst, hat sich die Mühe vor dem Spiegel gelohnt.

Ich freue mich auf die gemeinsamen Stunden mit dir und darauf, deine volle Aufmerksamkeit zu bekommen.

In Liebe,
dein Leben

P.S.: Ich hoffe, wir machen das öfter.

Mein Blick wandert erneut zu meinem Spiegelbild und ich sehe in meine glasigen Augen. Ich sehe enttäuscht aus und im selben Moment, wird mir bewusst, dass ich traurig darüber bin, mich selbst hier anzutreffen.

Der Vorhang wird erneut zur Seite geschoben und wieder betritt der Kellner den kleinen Raum.

„Was möchten Sie trinken?"

Ich schüttel meinen Kopf und die Tränen aus den Augen. Dann räusper ich mich.

„Ein Glas Champagner zur Feier des Tages, sollte angemessen sein."

„Sehr gute Wahl", kommentiert er und ist gleich darauf wieder bei mir. Auf einem Tablett serviert er mir den bestellten Champagner, in einem Glas mit Goldrand. Ich proste mir zu und lache mich ehrlich an. „Auf den wichtigsten Menschen in meinem Leben."

Der neue Haarschnitt steht mir gut, das rote Kleid schmeichelt meiner hellen Haut.

Während ich esse und jeden Bissen genieße, fällt mir der Arztbesuch ein, den ich aus Faulheit herausgezögert habe. Erst die Einladung zu diesem Date hat mich animiert, die Entzündung behandeln zu lassen. Der neue Haarschnitt, die Klamotten, meine ordentliche Wohnung, der Kontakt zu Svenja und Danni, dass alles ist nur zu Stande gekommen, weil ich es für eine imaginäre Person getan habe.

„Ich kümmere mich besser um dich, um uns!", verspreche ich meinem Spiegelbild und proste mir zu. Ich bleibe noch einen Moment länger sitzen, genieße die leise Musik und das Prickeln des Champagners auf meiner Zunge. Dann krame ich einen Kugelschreiber aus meiner Handtasche und greife nach dem Brief.

Unter *P.S.: Ich hoffe, wir machen das öfter*, schreibe ich, VERSPROCHEN. Ich schenke meinem Spiegelbild das schönste Lächeln und verlasse das kleine Bistro.

Kiel aufräumen

Rhythmisch trommeln dicke Tropfen gegen mein Dachfenster. Noch bevor der Wecker seiner Aufgabe nach gehen kann, bin ich wach. Es regnet, mal wieder und wie immer. Das Wetter hier oben nervt. Ich wühle mich aus den Decken und stelle fest, dass ich zur Frostbeule mutiert bin, seitdem ich das Ruhrgebiet gegen den Norden getauscht habe. Beim Aufstehen strecke ich mich und die alten Dielen knarren mit meinen müden Knochen um die Wette.

Zeit für die erste Kippe des Tages, auch wenn die letzte noch gar nicht so lange her ist. Müde kämpfe ich mich zum Balkon durch, während ich über eine leere Cola-Dose und meine Arbeitshose stolper. Mein Kopp fühlt sich wie Pudding an. Das Letzte Pils hätte ich mir klemmen sollen.

Eine Erkenntnis, die zu spät kommt, aber wat solls. Günna wird schließlich nur einmal 43, da muss man auch mal zwei Gerade sein lassen. Ein kalter Wind bläst mir zwischen die Beine und ich blase den weißen Rauch, über die Dächer von Kiel. Durch die grauen Wolken streckt sich schemenhaft der Fernsehturm in den Himmel. Eine Gänsehaut bedeckt meinen nackten Körper und mein Kopf wird klarer.

In der Küche ziehe ich die letzte Tasse aus dem Schrank und schiebe sie unter die Kaffeemaschine. Dampfend wird karamellfarbene Flüssigkeit in meine BVB-Tasse gepresst, während ich einen Tab in die Spülmaschine schmeiße und sie abfahre.

Diese Aktion gibt dem Thema Haushalt, schon einen ganz neuen Rahmen.

Eine heiße Dusche, der Pott Kaffee und die zweite Zigarette, richten den Rest meines morgens.

Dick eingepackt in Arbeitsklamotten, latsche ich aus der Wohnung und mache mich auf den Weg zur Maloche.

Um diese Uhrzeit sind die Kieler Straßen noch leer. Gerade einmal am Hauptbahnhof herrscht reges Treiben. Die ersten Bahnen fahren ein und wieder los. Verlorene Gestalten werden an die Gleise gespült, während sich zwielichtige Gestalten in den Ecken rumdrücken. Es ist noch zu früh für Rentner und gut gekleidete Büroangestellte.

Am Hafen angekommen, weiß ich, dass das wilde Treiben nie pausiert hat. Große rote Kräne hieven schwere Metallcontainer auf wartende Seefrachter. Lotsenboote tanzen zwischen großen Pötten und navigieren diese, zielsicher ins offene Gewässer. Möwen schreien und stürzen sich im Sturzflug, abwechselnd auf Essensreste oder angespülte Meeresfrüchte. In diesem Trubel überkommt mich das Gefühl von Heimat, und der Ruhrpott, mit seinen grünen Halden rückt in Vergessenheit.

„Morgen Kalle!", blöke ich in das Büro meines Chefes und lasse die schwere Containertür ins Schloss fallen. Er hebt kurz den Arm und sortiert weiter die Ankunftspläne der Autofähren. Mit Krach lässt er sich von mir, schon lange nicht mehr beeindrucken.

„Jo, warte mal", pfeift er mich zurück. Ich schlurfe den Gang zurück und lasse mich schwer in den Stuhl vor seinem Schreibtisch fallen. Aus meiner dicken Arbeitsjacke krame ich meine Packung Zigaretten raus und zünde mir eine an. Der weiße Dunst sammelt sich an der Decke und legt sich neben die bereits vorhandenen gelben Nikotinflecken.

„Unser oberster Vorturner setzt uns heute seinen Sohn hier rein. Der Junge macht eine Ausbildung bei denen im Büro", erklärt Kalle, während er sich ebenfalls eine Kippe anzündet und hinter sich zeigt, als wäre unmittelbar hinter ihm, das gläserne Bürogebäude der Reederei.

„Kannst du ihn an deine Brust nehmen?!", fragt er, ohne mich zu fragen.

„Sicha Chef", antworte ich schulterzuckend.
„Mach aber eine bisschen halblang. Der Junge soll einen guten Eindruck kriegen und mit dem

gewinnste eh keinen Krieg", erklärt Kalle, über den Rand seiner Lesebrille, hinweg.

„Klar, kein Ding. Was steht denn für heute auf'm Plan?"

„Drei Autofähren nach Schweden", dabei drückt er mir die Ankunftspläne in die Hand und ich stehe auf.

„Und Jo? Denk dran, halb lang", wiederholt sich Kalle und untermalt seine Geste mit einer sachten Handbewegung.

„Ich bin weder schwer von Begriff noch Schalker. Wenn du Angst vor mir hast, warum schickste ihn dann zu mir?"

„Bei dir lernt er was. Außerdem kannste ein bisschen Werbung für uns machen. Kann ja auch nicht schaden", dabei räumt Kalle beiläufig die restlichen Unterlagen zusammen und drückt seine Zigarette, in dem überquellenden Aschenbecher aus.

„Und jetzt los. Die erste Fähre legt gleich an."

Ich winke ab und gehe in den Pausenraum, um die anderen zu begrüßen. Sofort diskutieren wir leidenschaftlich über den anstehenden Spieltag und überhören das zaghafte Klopfen an der Metalltür. Allerdings wurde an dieser Tür, auch noch nie angeklopft.

Minuten später wird die Tür aufgerissen, was wir schon eher gewohnt sind, und Kalle steht im Raum, im Arm eine halbe Portion.

„Kollegen! Unser Azubi aus dem Büro ist da", stellt Kalle mit einem Singsang in der Stimme fest, während besagter Azubi seine Hand vorsichtig hebt und in unsere Richtung winkt. Dabei ist er bemüht niemanden in diesem Raum anzusehen.

„Junge, da bisste ja. Setz dich", schreibe ich vor und ziehe den Stuhl neben mir, kratzend über den Boden. Die halbe Portion zuckt zusammen und aus seinen beachtlichen 1,64 m gehen noch einmal 20 cm flöten.

Auf Zehenspitzen schleicht er zu mir und setzt sich. Ich schiebe ihm eine Thermoskanne und eine frische Tasse zu.

„Herr Schmitt hat gesagt, ich arbeite heute mit Ihnen", flüstert er mich mit aller Kraft an.

„Heimatland! Junge! Der Kalle hat mir schon gesagt, dass wir heute zusammen die Schweden schrubben. Ich bin Jo, wenn de wat brauchst", dabei zwinker ich ihm zu und strecke ihm meine Hand entgegen. Während er sie ergreift und ich das Gefühl habe, einen toten Fisch in der Hand zu halten, läuft die halbe Portion rot an. Mir wird bewusst, dass ich mit diesem Streichholz gar nix schrubben werde.

„Jo", unterbricht uns der alte Schmiddi.

„Denk dran, der Junge kommt von ganz oben. Wenn wir am Ende ohne Job sind, ist das deine Schuld", feixt er und trinkt den letzten Rest Kaffee, aus seiner Tasse. Ich winke kurz ab und lache.

„Keine Sorge Schmiddi. Dich krieg ich noch inne Rente. So und wir zwei gucken, ob wir noch ein paar Elche auf dem Pott finden."

Das Wetter hat sich verschlechtert, eine steife Brise weht aus Nordosten und trägt weitere dicke Regentropfen mit sich. Optimale Bedingungen um das Streichholz neben mir, zu verlieren. Um meine Chancen zu verbessern, reiche ich ihm eine Warnweste. Umständlich und gegen den Wind, kämpft er mit der Weste und schafft es schließlich sie über seine Jacke zu streifen.

Die Fähre ist angelegt und die Nachtschicht hat bereits Autos, Lkws und Wohnmobile auf Kieler Straßen losgelassen. Wir schauen in das Innere der Fähre und eine gähnende Leere starrt zurück.

Ich krame meine Trillerpfeife aus meiner dicken Arbeitsjacke und blicke zu den Zufahrtboxen. Diese sind bereits gefüllt mit Fahrzeugen, die nach Schweden gebracht werden wollen.

„So Kurzer …."

„Matthias", unterbricht mich der Kurze.

„Nicht schlimm", winke ich ab und fahre fort.

„Also Kurzer, Schmiddi und Günna machen gleich die Stalltür auf und dann geht das Bullenschieben los."

Keine Reaktion, außer das mich große, braune Augen anstarren. Ich seh schon, da ist nur Licht an, aber keiner zu Hause.

„Die Autos", erkläre ich und zeige zur Sicherheit noch auf diese.

„Die beiden Jungs öffnen gleich die Schranken, sortieren uns die Autos zu, wir müssen einweisen und dafür sorgen, das platzsparend eingeparkt wird."
„Ok."

Während er das ausspricht, weiß ich, dass es nicht ok ist. Ich schüttel den Kopf, der sich noch immer leicht nach Pudding anfühlt.

„Umso geordneter wir die Autos verteilen, desto schneller können die Schweden wieder ausladen und den Bums" ich deute auf die Fähre „wieder zu uns zurückschicken."

Schmiddi und Günna zeigen den Daumen hoch und ich winke kurz, wird eh nicht besser.
Schwerfällig schwenken die Schranken auf und die Autos kommen auf uns zu.

 Zaghaft fahren die ersten über die Rampe und in den Schlund des Pottes. Im Inneren deuten manche Fahrer, die Begrenzungsstreifen als Startstreifen und drücken nochmal ordentlich aufs Gas.

Mit einem Ruck zieh ich den Kurzen zu mir, weil sein Reaktionsvermögen, einer auf dem Boden liegenden Kastanie, gleicht.

„Ey, langsam Rambo. Imma mit der Ruhe!", weise ich den Hobbyrennfahrer zurecht. Zur Entschuldigung hebt er nur kurz seine Hand aus dem Fahrerfenster. Als wenn das, den Kurzen wieder zusammen geflickt hätte.

Ich winke den Hobbyrennfahrer auf seinen Parkplatz ein und deute ihn näher ranzufahren, als sein Parksystem es ihm erlaubt.

„Junge! Fahr noch ein Stück vor! Hier ist noch Platz für nen ganzen LKW, inklusive Anhänger!" Zaghaft fährt er vor und steigt noch zaghafter aus. Typisch, in der Blechkiste der Curry-King und draußen nicht mehr als ne Bockwurst.

Der nächste Spezialist, lässt zwischen seinem Auto und der Fährwand einen Sicherheitsabstand von fünf Meter. Ich nehme meine Pfeife in den Mund und verschaffe mir mit einem schrillen Ton seine Aufmerksamkeit. Erst zuckt er zusammen, dann der Kurze.

„Kollega, weiter nach rechts!", dabei winke ich energisch in die entsprechende Richtung, für den Fall, dass er noch immer nicht versteht, wohin mit seinem Auto.

Der Kurze drückt sich sofort mit dem Rücken an die Wand, der Spezialist nicht. Ich packe mir an den

Kopf, ziehe den Kurzen wieder zu mir und pfeife noch einmal energisch. Der Pfiff hallt durch die metallischen Räume.

„Junge! Wat verstehst du nicht an *näher zur Wand*?! Fahr nach rechts, oda soll ich für dich einparken?!"

Der Spezi fährt ein Stück zurück und parkt noch einmal vernünftig ein. Wieder muss ich den Kurzen zu mir ziehen, damit er nicht unter die Räder kommt.

„Reaktionsvermögen, ist aber auch nicht so deins, wa?"

Als Antwort erhalte ich wieder einen großen Blick durch braune Augen. Meine Schicht mit Bambi.

Ich atme schwer aus und sehe im Blickwinkel ein Auto mit einem Anhänger etwas tun, das weit entfernt ist, von gerade einparken.

„Kurzer!", ich greife ihn und stelle ihn in den Durchgang.

„Sorg dafür, dass dieser Durchgang" mit beiden Armen zeige ich ihm eben diesen „einfach nur frei bleibt. Mehr nicht."

Vielleicht muss der Junge nur etwas gefordert werden, rede ich mir ein und drücke ihm zusätzlich meine Ersatzpfeife in die Hand.

„Und wo gehst du hin?" Panisch schaut er erst mich und dann den Durchgang an, als wäre dies sein Weg zum Henker.

Ich bleibe ruhig und verdrehe die Augen.

„Ich muss dem Typen da vorne einweisen, der hat seinen Führerschein, beim Schießen auf'm Rummel gewonnen."

Mit großen Schritten gehe ich auf besagten Fahrer zu, der sich schon so verkurbelt hat, dass sein Anhänger parallel zum Auto steht.

„Wat is denn hier dat Problem?"

„Irgendwie habe ich mich verlenkt", antwortet er, während sich eine Schweißperle aus seinem Haaransatz löst und seine Schläfe entlang läuft.

„Dat würde ich aber auch behaupten. Nochmal nach hinten fahren, Junge und auf meine Hände achten", ordne ich an und gestikuliere wild, während der Typ lenkt und lenkt und lenkt.

Nach kurzer Zeit ist der Hänger samt Auto vorschriftsgemäß eingeparkt und ich gehe zurück zum Kurzen. Sofort sehe ich, dass der Krieg schon fast verloren ist und er den Durchgang selbstverständlich nicht verteidigt hat.

„Ey. Wat ist mit dem Durchgang? Der sollte frei bleiben?!"

„Der Herr wollte erst ausräumen", erklärt er sich und deutet auf den Typen, der geschäftig in seinem Kofferraum umräumt und dafür das ein räumen, meiner Fähre behindert.

„Der Durchgang muss frei bleiben!", blöke ich den Kerl an, für den Fall das er das nicht verstanden hat.

„Jaja. Ich park gleich um. Suche nur noch meine Schuhe. "

„Die haste schon an", dabei deute ich auf seine Füße. „Ansonsten wird hier nix mehr gesucht. Parken, Tasche packen und ab."

Er hört sofort auf zu suchen und dreht sich zu mir um.

„Wo steht das?", fragt er mich provozierend und baut sich vor mir auf. Ah ja, da sucht also jemand Streit, auf'm Freitag. Schön.

„Wo steht das nicht?", frage ich zurück und baue mich ebenfalls auf, wenn gleich ich einen Kopf kleiner bin als er.

„Und jetzt ist hier Feierabend! Einparken und nach oben! Der Gang muss freibleiben. Ist ja nicht so schwer, oder rede ich schwedisch, Junge?"

Der Typ geht noch einen Schritt auf mich zu, während der Kurze sich schon einmal zur Sicherheit hinter mir versteckt.

„Wie reden Sie eigentlich mit mir?", zischt er mir bedrohlich entgegen, während seine Nasenhaare die sich in seinen Bart verlaufen, zittern. Aus seinem Mund kommt der Geruch von altem Zigarettenrauch und abgestanden Kaffee, direkt in meine feine Nase. Ich schüttel mich, während sein Blick mir unmissverständlich klar macht, dass er sich von mir nichts sagen lässt. Was unter anderem daran liegt, dass ich nicht mehr als 1,68 m auf's Maßband bringe. Trotzdem gebe ich nicht klein bei. Ende Gelände.

„Mein Pott, meine Parkregeln. Und wenn der Durchgang nicht in einer Minute frei is Junge, is hier gleich Schicht im Schacht!", polter ich los und pfeife ihm mit Nachdruck ins Gesicht.

Er ist so perplex, als hätte ich ihm ins Gesicht geschlagen. Zwar möchte er was erwidern, jedoch fällt ihm auf die Schnelle nichts mehr ein. Offensichtlich hat es in seiner Vergangenheit gereicht, sich bedrohlich vor anderen Menschen aufzubauen.

„Ich beschwere mich über Sie!", fällt ihm dann doch noch ein, während er zurück zu seinem Auto geht.

„Gern!", gebe ich zurück und drehe mich ebenfalls um. „Mir fehlt diese Woche noch *eine* bis zum Runden."

Wir gehen an ihm vorbei und ich versuche den Stau, den der Blödkopp verursacht hat, aufzulösen. Unbeirrt winke ich die Autos weiter durch, während der Kurze mich immer wieder von der Seite anschielt.

„Alles gut", winke ich ab, weil ihm die Niederlage noch nachhängt.

„Das hätte ich ohne dich nicht geschafft. Ich bin nicht so selbstbewusst wie du", erklärt er sich und die Situation.

„Tineff! Du musst nur mehr aus dir rausgehen. Dat wird schon noch. Außerdem sind wir hier am Hafen, hier wird geboxt und nicht getanzt."

Er nickt und ich habe tatsächlich das Gefühl, dass er es dieses Mal ernst meint.

Wir weisen die restlichen Autos ein und ich höre wie er sich zaghaft, mit der Pfeife Aufmerksamkeit verschafft und dann ein Auto bestimmend einparken lässt. Im Anschluss steigt eine alte Dame aus und winkt ihm zu. Aller Anfang ist klein.

Nach vierzig Minuten ist die Rentierkutsche vollgepackt und wir machen uns runter vom Pott.

Die Luke schließt hinter uns und die Bordcrew winkt uns zum Abschied zu. Nettes Völkchen, diese Schweden und immer so ausgeglichen.

Wir machen uns auf den Weg zurück und ich zünde mir eine Kippe an.

„War doch ein cremiger Start", nuschel ich, mit der Kippe im Mundwinkel und stecke meine Arbeitshandschuhe in die Jackentasche.

„Und siehs mal so, die nächsten drei, können nur noch besser werden."

Der Kurze nickt nur und wirkt durchgeweicht.

„Ker Junge, ist doch alles Tutti", versuche ich es noch einmal und klopfe ihm auf die Schulter.

„Da haben sich andere noch schlechter geschlagen. Wirklich."

„Das kann ich mir kaum Vorstellen. Ich war keine Hilfe, im Gegenteil und das, wo dein Job schon anstrengend genug ist."

„Tineff. Der ist doch nicht anstrengend. Es ist hier zwar nicht so warm und puschig, wie bei euch im Büro, aber hier bist du mittendrin und bewegst was. Die Zeit vergeht wie im Flug und hier kannste dich auf jeden verlassen. Und du musst nur ein bisschen mehr aus dir rausgehen" fasse ich zusammen.

„Der heiße Kaffee bringt dich gleich wieder nach vorne." Ich klopfe ihm noch einmal auf die Schulter und merke, dass ich ihn ein bisschen ins Herz geschlossen habe.

Kaum das wir Kalles Büro passieren, ruft dieser uns, mit seiner neuen Singsang Stimme herein.

Gegenüber seines aufgeräumten und geordneten Schreibtisches, sitzt ein Mann im maßgeschneiderten blauen Anzug.

„Da sind die beiden schon", stellt Kalle fest und klatscht in die Hände.

„Matthi, ich wollte nur mal nach dir sehen und hören wie es läuft", begrüßt unser Geschäftsführer den Kurzen und stellt sich damit als sein Vater heraus. Noch bevor jemand etwas Falsches sagen kann, blöke ich in alter Manier dazwischen.

„Wir haben alles im Griff, Chef. Der Kurze hat den Schweden-Pott vollgemacht und in den Norden geschickt."

„Sie müssen dann wohl Johanna Kowalski sein?", stellt er ungläubig fest und streckt mir dann seine Hand entgegen.

„Eilt mir mein Ruf voraus?", frage ich und zwinker ihm zu. Sofort macht sich ein rosa Farbton auf seinem markanten Gesicht breit. Daher hat der Kurze das also.

„*Jo*, reicht aber", stelle ich klar und erwidere seinen festen Händedruck.

„Weiß auch nicht, wat meine Eltern sich bei dem Namen gedacht haben, wahrscheinlich nix."

Grenzüberschreitung

Der rote Metallzaun schlängelte sich durch die Wüste. Gonzales marschierte los. Seine schwarzen Stiefel schritten den ausgelaufenen Weg an der Grenze entlang. Roter Sand wirbelte auf und legte sich auf seine braune Uniform. Die Mittagssonne trieb ihm erste Schweißperlen auf die braune Haut. Trockenes Gestrüpp ragte in seinen Weg, welches er mit sich riss, während er seinen Schritt beibehielt. Die Grenze bog sich um einen Hügel und er atmete tief aus. Seine Haltung entspannte sich und seine geschulterte Waffe hing locker an seiner Seite. Er war aus der Sicht des Grenzturms, an dem er stationiert war. Gonzales zog ein Taschentuch aus seiner steifen Jacke und wischte sich fahrig Schweiß und roten Sand von der Stirn. Bis zum nächsten Grenzturm waren es noch etliche Meter und bis Schichtende, galt es diese immer wieder abzulaufen.

Für die Sicherheit seines Landes, wie ihm und seinen Kameraden eingetrichtert wurde. Sicherheit für die er in seinem Grundwehrdienst sorgte, mitten in der Wüste. Hier draußen wo kilometerweit nur Sand und Gestrüpp zu sehen waren und es keinen Hinweis auf nur einen Quadratmeter Zivilisation gab. Sollte es jemand hier raus in die Einöde schaffen und versuchen, die Grenze illegal zu überqueren, musste Gonzales schießen. Eine weitere Parole die er lernen und befolgen sollte.

„Soldaten! Entsichern, zielen, schießen! Jede Sekunde, die ihr zögert, schenkt eurem Angreifer eine Sekunde, um euch zu erschießen", lautete der Befehl seines Oberoffiziers in den ersten Lehrstunden.

„Warum?", hinterfragte Gonzales reflexartig. „Wieso sollten Flüchtlinge eine Waffe bei sich haben? Fliehen die Menschen nicht vor Waffen und Gewalt?"

Kaum war seine Frage aus dem Mund, war sein Vorgesetzter in zwei Schritten bei ihm und packte ihn am Kragen.

„Weil die da drüben keine Flüchtlinge sind! Das sind Wilde!", alter Atem, gemischt mit Zigarrenrauch drang ihm in die Nase.

„Die haben nichts zu verlieren! Die wollen in unser Land eindringen und die gleiche Unruhe stiften, wie in ihrem!", zischte er Gonzales weiter ins Gesicht. Gonzales nickte und wurde nach einem weiteren Blick hart nach hinten geschubst.

„Ausgangssperre! Befehle werden nicht in Frage gestellt!", bellte der Oberoffizier und drehte ihm den Rücken zu.

Sechs Wochen später verbrachten seine Kameraden ein Wochenende in der Heimat bei ihren

Familien und Frauen. Währendessen Gonzales in der Kaserne seine schweren Stiefel putzte. Seitdem hielt Gonzales seinen Mund geschlossen und beugte sich den Befehlen, wie das Wüstengestrüpp dem Wind.

Dieser Vorfall bereitet ihm Magenschmerzen und er schüttelte seinen Kopf.

„Gonzales, Amigo!", rief er in die Wüste und vertrieb die Erinnerung. „Noch zwei Monate und dann wartet die Werkstatt!"

Es folgte die nächste Kurve, er verstummte und drückte seinen Rücken durch. Am Horizont zeichnete sich der nächste Grenzturm ab. Nur im Augenwinkel nahm er die Unebenheit am Grenzzaun wahr. Einzelne Streben waren verbogen und mehrere Querverbindungen getrennt. Das Metall wirkte notdürftig zurückgebogen, die Stelle kaum wahrnehmbar.

Geräuschlos drehte er sich um. Sein Atem hielt an und jeder Muskel verkrampfte. Schweiß drängte aus seinen Poren. Es war jedoch nichts zu sehen, außer Sand und Gestrüpp, kilometerweit.

Er ließ seinen Atem frei, holte neue Luft und richtete sich aus seiner geduckten Haltung. Mit zittrigen Händen griff er zum Funkgerät.

„Wachturm 18. Unteroffizier Pérez", meldete sich sein Kamerad.

„Grenztruppe 18. Unteroffizier Florés. Melde Beschädigung der Grenze in Kilometer 54,4. Keine Verdächtigen zu vermelden."

„Beschädigung in Kilometer 54,4 wird unverzüglich an Vorgesetzten Martinéz vermeldet."

Die Angst ließ ihn los und wurde von der nächsten Windböe davon geweht. Gefahr erkannt und Bericht erstattet, vorschriftsgemäß gehandelt. Die Pioniereinheit würde ausrücken und die Stelle reparieren.

„Und, Gonzo?", rauschte es erneut aus dem Funkgerät. „Freu dich auf deinen Feierabend. Auf deinem Bett liegt ein Brief von deiner Marita."

Gonzales Blick wurde weich und die Falten zwischen seinen Augen glätteten sich. Er murmelte ein „Danke" in das Gerät und schon bauten sich vor ihm die üppigen Kurven seiner Freundin auf. Die Wüste verschwand und er sah ihre grünen Augen, die ihn mit einem wilden Blick lockten. Die langen schwarzen Haare wehten ihr ins Gesicht und sie drehte sich mit ihrem bunten Rock, dass der Stoff sich im Wind wiegte. Lasziv bewegte sie ihren Körper mit dem Wind. Ihre Füße tanzten vor ihm über den Boden, wirbelten Sand auf und dicke Tropfen Blut.

Erst als die Verfärbungen auf dem Sand Handflächen groß waren, registrierte er sie. Gonzales zog sein Hosenbein hoch und ging in die Knie.

Er beugte sich tief über die glänzenden Flecken, die noch nicht mit Wüstenstaub bedeckt waren. Mit seinem Blick verfolgte er die Spur zurück.

Ein Tier? Das sich an den rausragenden Streben verletzt hatte? Oder ein Flüchtling?

Ruckartig richtete er sich auf. Sein Hosenbein rutsche zurück über seine Stiefel und eine Gänsehaut stellte sich unter seiner Uniform auf. Reglos starte er in das Gebüsch vor ihm. Sein Mund war trocken. Bewegte es sich im Inneren? Beobachtete ihn ein Augenpaar?

Im nächsten Moment sprang eine braune Kugel aus dem Gebüsch, visierte ihn erschrocken an und sprintete in die weite. Ein Wildhase.

Gonzales Herz pumpte, Hitze schoß ihm in den Kopf, während seine Waffe von der Schulter rutschte und vor seinen Stiefeln baumelte. Fahrig griff er nach der Waffe und zog sie zurück an seine Schulter. Hektisch blickte er zum nächsten Grenzturm. Hätte ihn einer seiner Kameraden beobachtet, wäre ihm der Spott und Hohn der Kaserne sicher.

Mit lauten Schritten setzte er seinen Weg fort, während die Wut, wieder in seinem Bauch brodelte. Ein Stein kreuzte seinen Weg, den er mit einem kräftigen Tritt Richtung Wüste beförderte.

„Blödsinn!", brüllte er in den aufkommenden Wind, der feine Sandkörner in seinen Mund beförderte. Sofort wischte er sich seinen Mund am Ärmel der Uniform ab und hinterließ roten Speichel auf dem braunen Material.

Er wollte endlich seine Lehre zum Automechaniker beginnen! Seine eigene Werkstatt eröffnen und Salvatore, Maritas Vater, von sich und seinen Fähigkeiten überzeugen. Zeigen das er, Gonzales Florés, eine ausgezeichnete Partie für Salvatores einzige Tochter war. Stattdessen verschwendete er hier in der Wüste seine Zeit, mit Hasen.

Wieder traf er auf einen Stein, dieses Mal griff er danach und schleuderte ihn auf die andere Seite der Grenze.

„Wegen euch!", brüllte er und trat mit seinen schweren Stiefeln gegen das Metall. Der Stacheldraht, welcher um die obersten Streben gewickelt war, erzitterte kurz.

„Und ihr! Ihr seid auch nicht besser!", der nächste Stein flog in Richtung Grenzturm.

Hinter diesem Zaun war das Leben in Gefahr und der einzige Ausweg war die Flucht. Wieso half sein Land nicht den Flüchtlingen? Warum erschien stattdessen ein Grenzzaun als die richtige Maßnahme? Letztlich waren sie alle Menschen, hatten nur dieses eine Leben und wollen es glücklich und in Sicherheit verbringen. Egal welche Hautfarbe sie unterschied, ob die Sprache eine andere war, Blut ist immer rot.

Am Wendepunkt seiner Runde spukte er auf den Boden und machte sich auf den Rückweg. Wieder passierte er die beschädigte Stelle und die Streben ragten weit in den Weg rein. Neben ihm raschelte das trockene Gestrüpp. Adrenalin pumpte in seine Adern. Blitzschnell zog er sein Gewehr von der Schulter, entsicherte es und zielte in die trockenen Büsche. Ein Mensch sprang aus dem Gebüsch und für einen Wimpernschlag kreuzten sich ihre Blicke. Gonzales sah sein weißes Gesicht, verschmiert mit roten Wüstensand und einem panischen Blick. Der Flüchtling trug ein zerrissenes Hemd, welches mit Blut und Schweiß an seinem abgemagerten Ober-körper klebte. Im nächsten Moment drehte der Flüchtige Gonzales den Rücken zu und rannte los. Rannte um sein Leben, weichte den Gestrüppen aus und stolperte über trockenes Unterholz. Suchte nach Schutz, einen Unterschlupf oder einer Mög-lichkeit in Deckung zu springen.

Zu sehen war kilometerweit, Sand und Gestrüpp, kein Hinweis auf einen Quadratmeter Zivilisation. Gonzales visierte ihn mit seiner entsicherten Waffe an. Zielte auf den Flüchtling, einen Menschen, wie Gonzales einer war.

Zielte auf Hoffnungen, Träume, Mut und grenzen-lose Verzweiflung.

Alte Wege

Verändert hat sich hier nichts, nur du dich. Der Ort sieht aus, wie an dem Tag, als du ihn verlassen hast.

Die schmale Feldstraße, führt noch immer zu dem Vorort, in dem die Welt in Ordnung ist, weil dort die Zeit steht.

Dieselben Schlaglöcher zieren die Straße, wie vor elf Jahren, weil sich die dazugehörige Stadt nicht darum kümmert. Sie ist aber auch einen Tagesausflug weit weg und im Straßen- und Bauamt, weiß niemand etwas von diesen Schlaglöchern. Und hier? Hier stören diese Krater niemanden, waren ja schon immer da.

Die Nostalgie packt dich, hält dich fest umschlungen und nimmt dir die Luft. Dieser Feldweg hat in der Vergangenheit viel erlebt, ist makelhaft, erfüllt trotzdem seinen Sinn. Wie du. Du hast dich auch verändert, Macken, Kratzer und Risse gesammelt. Manche wurden geflickt, andere heilten und einige blieben als Narben.

Du spazierst den Weg bis zum Ende und näherst dich der Gabelung.

Links oder rechts?

Studium oder Beruf?

Single oder Beziehung?

Freiheit oder Familie?

Du triffst deine Entscheidung, so wie jederzeit, intuitiv, aus dem Bauch raus. Ist wahrscheinlich nicht immer richtig, auch nicht immer falsch. 50/50 Chance, mehr als man sich wünschen kann.

Neben dem Feldweg reihen sich parallel Bahnschienen ein. Sie sind kaum zu sehen, weil die Gräser und Blumen nach dem Regenschauer sprießen und nach oben ins Blaue wollen.

Eine S-Bahn rauscht an dir vorbei und du rennst los. Versuchst, mit ihr Schritt zu halten, sie zu überholen. Keine Chance, nicht einmal für einen Bruchteil. Hatte aber schon mit neun Jahren nicht funktioniert und auch nicht die darauffolgenden Jahre.

Dein Herz überschlägt sich, deine Lunge brennt. Manche Gewohnheiten legt man nicht ab. Zumindest nicht willkürlich.

Meter weiter bremst die Bahn ab, bremst an der Haltestelle. Die Glücklichen steigen ein, die Mürrischen aus. Zwei Kategorien, die deine Freunde und du damals festgelegt haben, ohne eine Ahnung vom Leben zu haben.

Mit jedem deiner Geburtstage wuchs der Wunsch, in diese Bahn einzusteigen und dieses Dorf zu verlassen. Raus aus Langeweile, Einöde, Stagnation, aus dieser Engstirnigkeit.

Dann wird dein Leben bunt! Laut und mindestens so rasant, als würdest du auf Schienen fahren. Die Vorstellung, ist oft dramatischer, als die Realität es uns bieten kann.

Heute vermisst du es. Stillstand, Ruhe, Zeit zum Durchatmen, nur sein. Der Feldweg wird zu einer breiteren Straße. Führt dich an einen Park-and-Drive Parkplatz gegenüber der S-Bahn Haltestelle. Du begutachtest den rostigen Fahrradständer, der durch einen Rentner im Kleinwagen verbeult wurde und seitdem nur noch Platz für vier statt fünf Räder bietet.

Das Haus an der Ecke hat dieselbe Farbe wie die, die du in deiner Erinnerung trägst.

Jahre später sind die drei angrenzenden Garagen noch immer nicht zu Ende verputzt. Es stört dich, nicht den Hausbesitzer.

Du wirst melancholisch, glücklich, traurig, wütend und lächelst. Erinnerungen überspülen dich, du verlierst den Halt, gerätst ins Schwanken. Wellen an Bilder treffen dich und du treibst in einem rauen Gewässer voller Gefühle. Erster Kuss, zerrissener Liebesbrief, sechs in Mathe, Streit mit Conny, Angst vor dem Sportunterricht, zweiter Kuss.

Wolken ziehen auf und du ziehst den Stoff deines Pullis enger an dich. Die angeraute Wolle legt sich auf deine Gänsehaut und streichelt sie weg.

Hier hält dich nichts, du drehst mitten im Schritt um und rennst zurück zu deinem Auto. Fahrig kramst du den Schlüssel aus deiner stylischen, aber zu engen Jeans.

Ab nach Hause, welches nicht weit weg von hier ist. Weil du damals zu feige warst viele Kilometer zwischen diesen *Lost Place* und dich zu bringen.

Aber nun, da selbst die letzte Verbindung zu diesem Feldweg verschwunden ist, hält dich hier nichts mehr.

Das Auto springt sofort an. Als säßest du im *DeLorean*, fährst du in eine andere Zeitrechnung.

„Habe ich mich verändert?", fragst du den Rückspiegel.

Ja! In manchen Dingen zum Guten in genau so vielen zum Schlechten. Macht aber nichts, weil es dazugehört, weil es zu dir gehört.

Du schließt Frieden mit dir und der Vergangenheit. Weil alles einen Sinn hat, jede Erfahrung, jede

Entscheidung. Egal wie klein oder manchmal auch unbedeutend sie ist.

Du weißt, du brauchst keine zweite Chance, trotzdem es nie eine gibt.

Du brauchst kein *von vorne*, *spul nochmal zurück, alles auf Anfang*. Du würdest alles noch einmal, genau so tun und bist bereit für neue Herausforderungen. Wirst sie meistern, sie werden dich prägen und zu dir gehören.

Wie der kleine Feldweg, in einem Vorort, in dem alles so ist, wie du es vor elf Jahren zurückgelassen hast.

III

Samstagabend - ein Drama in V Akten

Akt I - Vortrinken

Wir schmücken uns,
    wollen aber schmucklos erscheinen.

Wir kochen,
    auf Abspülen haben wir keinen Bock.

Wir trinken und ignorieren schon am Abend,
    das *Miauen* des Katers.

Wir haben alles
    und fühlen uns leer,

weil wir nicht mehr die sind,
    die wir mal waren,
weil wir nicht mehr sein wollen,
    wer wir sind.

Der Kater beißt sich in den Schwanz

Akt II - wir müssen los

Feiern gehen,
    doch die Wohnung nicht verlassen wollen,
weil es kalt ist,
weil es regnet,
weil meine Locken sich sonst aushängen.

Dann doch los,
    wir sind schließlich noch jung,
sind immer noch losgezogen.

Die Umwelt schonen,
    aber nicht auf die Bahn warten wollen,
weil mit dem Taxi ist bequemer,
    weil wir verdienen jetzt Geld,
weil meine Locken sich sonst komplett aushängen.

Akt III - auf dem Weg zum CluB

Im Taxi packt uns der Zauber der Nacht, vielleicht wirkt auch nur der Alkohol.

Wer kann das so genau sagen.

Wer will es überhaupt wissen? Ein Gefühl und Geschnatter wie früher. Als wir noch Studenten waren, keine Eltern, Ehepartner, Business Unit Manager, Gestrandete.

„Meint ihr, ich sollte ihm noch einmal schreiben, vielleicht ist die Nachricht nicht angekommen?"

„Ich hoffe, mein Freund latscht nachher nicht auch ins FZW."

„Habt ihr Mal mit einer Frau rumgemacht? Also so richtig meine ich?"

„Ich kann nicht mehr so viel trinken, muss morgen noch zum Brunch, zu meiner Schwiegermudda."

„Die soll sich mal beruhigen."

„Meine Jeans passt doch nicht mehr so richtig. Sieht man, dass der Knopf offen ist?"

„Ich hoffe Olli, verläuft sich heute Nacht ins FZW."

„Du bist doch verheiratet."

„Hat noch jemand Bier?"

„Einen Tequila müssen wir aber trinken."

Akt IV - im CluB, schon weit nach drei

Tanzen, ohne aufzufallen,
    reden, ohne intime Details,
Küssen, ohne Versprechen.

Treu sein,
    trotzdem Schmetterlinge fühlen.
Nichts verpassen,
    trotzdem nach Norm leben.
Alles geben,
    trotzdem nichts riskieren.

Zeit vergessen,
    falsche Nummer vergeben,
Bahn verpasst,
    Kotze auf dem Schuh.

Akt V - schwüler Kater-Sonntag

Halte das Gleichgewicht aufrecht,
    lass die Waage nicht kippen.
Lächle freundlich,
    beim Brunch deiner Schwiegermutter.
Leiden könnt ihr euch beide nicht, aber was muss ...

Küche durch und schlechtes Gewissen wegwischen.
    Du kümmerst dich um alles, immer,
da kann ein bisschen Spaß ...

Noch eine rauchen, Handy an, wieder aus. Vierte
    Zigarette und weiter warten.
Wie sollst du dich selbst lieben,
    wenn dich kein anderer liebt.

Mit zwei Kindern, einem Hund und
    drei Aspirin zum Spielplatz.
Wer feiern kann, muss auch bla bla bla ...

Nicht von dem Seil fallen,
    welches wir selbst zu hoch gespannt haben.
Zwischen bunten Wünschen, Wunschvorstellungen,
    grauen Kompromissen und rauen Tatsachen.

Eine Wirklichkeit vergessen oder ignorieren wir. Keiner muss *Nachleben*, was andere *Vorleben*. Du alleine legst die Regeln fest und du allein entscheidest.

Du willst nicht heiraten? Du willst vier Kinder? Du willst einen soliden Bürojob? Mit 43 noch in den Club gehen?

Dann mach doch.

Verschwende deine Zeit, mit Menschen, die du liebst. Übe einen Beruf aus, der dich ausfüllt und nicht, weil er sich gut auf einer Visitenkarte liest. Lebe dieses eine Mal, nach deinen eigenen Vorstellungen.

Selbst wenn die Waage kippt, es nicht normkonform wird oder deine Locken sich aushängen.

Rock dein Leben, bis keine Locke mehr übrig ist.

Dortmund

Das Dortmunder-U baut sich am Horizont auf und wird mit jedem Schienenmeter größer. Die Dämmerung hat eingesetzt und bietet dem Leuchtturm der Stadt einen kitschigen Hintergrund.

Wehmütig packe ich meinen großen Rucksack, setzte ihn auf und mein Kreuz sackt ab. Schlurfend verlasse ich das klimatisierte Zugabteil und merke die lange Reise in meinen schmerzenden Unterschenkeln. Nur widerwillig bewegt sich mein Körper vorwärts. Der Zug kommt quietschend zum Stehen. Eine Horde Menschen sammelt sich hinter mir und wartet darauf, dass ich den Knopf betätige und die Türen damit aufsperre. Meine sonnengebräunte Hand zielt auf den leuchtenden Knopf und eröffnet mir den Bahnhof.

Ein zauseliger Penner mit mehreren Tüten voller Pfandflaschen möchte sich schon in den Zug drängeln. Schwüle, abgestandene Luft strömt mir entgegen, die nicht den gleichen Effekt hat, wie die warme, erfrischende Meeresbrise, die ich vor vielen Stunden verlassen musste.

Auf dem Bahnsteig warten die Ruhrpott-Flamingos, statt der rosafarbenen, die ich die letzten Wochen bestaunt habe. In der Vorhalle herrscht ein einziges Gewusel. Menschen eilen die Treppe hoch, in der Hand Brötchen und tropfende Kaffeebecher. Der Geruch von Urin, Zigarette und Schweiß drängt sich in meine Nase und bleibt an meinen Nasenhaaren kleben.

Gleich danach strömt mir der Duft von frischen Waffeln zu und ich bleibe reflexartig stehen. Sofort laufen Menschen in mich rein. Genauer gesagt eine Gruppe grölender Fußballfans.

„Junge!", pöbelt einer von ihnen und zeigt mit seinem Dosenbier auf mich. Ohne meine Antwort abzuwarten, ziehen sie weiter. Ich hätte auch keine gehabt.

Stattdessen krame ich in meinem Portmonee nach den fast vergessenen Euro-Stücken und bestelle mir eine Waffel am Stiel.

„Gerade frisch gemacht. Hasse Glück, sag ich dir", erklärt mir die Verkäuferin und überreicht mir den goldbraunen Teig. Um weitere Kollisionen zu vermeiden, stelle ich mich neben die Bude. Ich beiße in die Waffel, die sich wie eine Wolke anfühlt und der Geschmack von Vanille breitet sich auf meiner Zunge aus.

Mit gefülltem Bauch verlasse ich den Trubel des Hauptbahnhofes, statt in die Katakomben der U-Bahn herunter zu steigen. Dieses Wiedersehen möchte ich mir für die nächsten Tage aufheben.

Stattdessen gehe ich auf den Bahnhofsvorplatz und schaue mich um. Es sieht alles genau so aus, wie ich es vor drei Monaten verlassen habe. Eine traurige und tröstliche Tatsache.

Ein großes Plakat gegenüber dem Vorplatz erklärt mir, dass in dieser Stadt wieder der deutsche Fußballmeister Zuhause ist.

Mein Rucksack schwebt hinter mir her, mit leichten Schritten erklimme ich die Treppen neben dem Fußball-Museum und stehe mitten auf dem Westenhellweg. Noch mehr Leute strömen von links nach rechts und die meisten haben gute Laune, weil Samstag ist, weil es ein Spät-Sommer-Tag ist und weil es uns unterm Strich gut geht.

Die Schaufenster zeigen mir die bevorstehenden Herbst-Trends. Zum ersten Mal auf dieser Rückreise verlässt mich der Wehmut. Ich freue mich auf die kalte Jahreszeit. Auf den größten Weihnachtsbaum der Umgebung, der den Friedensplatz schmücken wird. Auf den Duft in den Straßen, nach Zimt, Lebkuchen, Mandeln und dem klebrigen Glühwein.

Mit einem kurzen Sprint überquere ich den Wall. Kurz nach mir wird die sechsspurige Rennstrecke, durch die grüne Ampel, wieder eröffnet.

Vor mir leuchtet das U. Wieder bleibe ich abrupt stehen und starre auf diesen Klotz, der nicht mehr als ein bisschen Stahl und Led-Lämpchen beinhaltet. Zuhause.

„Alter! Fahrradweg! Steh nicht so dumm in der Gegend rum!", dabei saust ein junger Kerl mit Bart und Jutebeutel auf einem alten Damenrad an mir vorbei. Entschuldigend hebe ich die Hand.

„Glück auf!", brülle ich ihm hinterher und er zeigt mir seinen Mittelfinger.

Ich lache laut los. Offene und ehrliche Art, ist mir lieber als freundliches Getue.

Ich biege um die nächste Ecke und mache halt an einer Bude. Dort bestelle ich mir ein Pils und lege mein restliches Kleingeld in die Schale. Die ältere Dame schlurft zum Kühlschrank und trägt dann das kühle Glück zu mir.

„Macht 1,40 Euro."

Shit. Ich krame in meiner Hosentasche, Jacke und möchte dann meinen Rucksack runter nehmen.

„Passt scho", winkt die alte Frau ab und öffnet mir die Flasche mit einem großen Flaschenöffner aus Holz. „Feierabend ohne Pils, muss net sein."

„Danke!", dabei proste ich ihr zu und setze meinen Weg fort.

Es weht eine kühle Brise, welche den Duft von Bratwürstchen, Holzkohle und ausgelassener Stimmung zu mir trägt. Mit schnellen Schritten überquere ich die Straße und werde schon am Eingang des Westparkes von der Stimmung eingefangen.

Der Park ist voll und kommt der ausgelassenen Stimmung der Südsee nah. Gerade einmal Meer und Sand fehlen noch. Ansonsten tanzen auch hier, die Mädels leichtbekleidet in Häkeltops auf Picknickdecken. Währenddessen aus verschiedenen Bluetoothboxen die Songs des Sommers dröhnen.

Zwischen drin sitzen Familien und grillen, Väter schubsen ihre Kleinsten auf der Schaukel an, Hunde jagen abgewetzte Tennisbälle und ein Rentnertrüppchen beobachtet das wilde Treiben.

An der Möllerbrücke erwartet mich dasselbe friedliche und bunte Szenario. Ein junger Kerl, mit dem Arm voller Bierflaschen, bahnt sich unbeholfen seinen Weg aus dem Lebensmittelgeschäft zur anderen Straßenseite. Dort wird er jubelnd in Empfang genommen.

„Digga endlich! Wir dachten schon, du bist mit der Kohle durchgebrannt.“

Die Flaschen werden ihm aus der Hand genommen und ein Mädel zieht ihn zu sich auf die Mauer. Ihre roten Haare leuchten in der Sonne und sie lacht herzlich. Ihr Lachen steckt mich an und grinsend verlasse ich die Möllerbrücke um in eine Seitenstraße einzubiegen.

Der Trubel ebbt ab und es wird ruhiger. Erste braune Blätter liegen auf den Gehwegen und die Sonne glitzert durch die schüttere Allee.

Ich biege ein weiteres Mal ab und schlurfe durch eine Straße, in der alte stuckverzierte Häuser stehen. Vor einem unauffälligen gelben Mehrfamilienhaus bleibe ich stehen. Das oberste Stockwerk liegt im dunkeln, trotzdem drücke ich auf die Klingel, auf der drei Namen stehen. Nichts passiert. Zur Sicherheit drücke ich noch ein zweites Mal. Nichts. Stöhnend nehme ich den Rucksack von meinem Rücken und krame in den Tiefen nach meinem Haustürschlüssel.

Ich stoße die schwere Holztür auf und sie fällt quietschend ins Schloss. Neben dem Treppenaufsatz sammeln sich die kostenlosen Zeitungen und Reklamen. Das Gemisch aus zitronenhaltigem Putzmittel und leichtem Muff steigt mir in die Nase.

Ich erklimme die Steintreppen bis in den vierten Stock, dann öffne ich die Wohnungstür und trete in die halbdunklen Räume.

Ein Knall wird auf mich gefeuert, Licht geht an, ein Beat setzt ein und Sekunden später habe ich meine Mitbewohnerin fest im Arm. Wir stehen in einem Konfettiregen und mein Herz rast.

„Da bist du endlich! Wir dachten schon, du bist direkt durch in eine Kneipe und wir warten hier wie die *Loser*!"

Sie lässt von mir ab und ich sehe in ihre strahlenden Augen. Ihr Gesicht ist mir so nah, dass ich jede Sommersprosse zählen kann.

„Lass noch wat an dem Jungen dran."

Die Sommersprossen verschwinden vor meinem Gesicht und tauschen mit einem bauschigen Bart.

Wieder werde ich in eine feste Umarmung gezogen. Ich drücke meinen Mitbewohner mindestens so fest, wie er mich.

„Is nich so, dass wir dich vermisst haben, aber geil das du wieder hier bist, Alter."

„Ich habe euch vermisst!"
Dann greife ich beide nochmal und presse sie fest an mich. Unsere Köpfe stoßen aneinander, während wir uns festhalten.

Heimat bleibt Heimat, egal wohin man geht.

Danke,
für deine Aufmerksamkeit
für dein Interesse
für deine Zeit ♡

Danksagung

Mal eben ein Buch rausbringen ... Klar, why not.

Im Jahr 2019 ist schließlich alles möglich und nach fünf Tequila erst recht.

So habe ich Mal eben, Texte geschrieben, überarbeitet, korrigiert, einen Buchsatz erstellt, gezeichnet, Fotos für ein Cover geschossen und eine Homepage ins Netz geschoben.

Während Brotjob, Familie, Lebenspartner, Freunde und Müßiggang ebenfalls noch meine Aufmerksamkeit wollten.

Aber was soll ich sagen? Am Ende des Tages halte ich mein eigenes Buch in der Hand und habe etwas erschaffen, das bleibt. Ich würde es wieder tun, trotz blutiger Knie.

Und wenn auch du ein Herzens-Projekt hast, dann leg einfach los! Zerdenke es erst gar nicht, sondern mach es, weil es letztlich gut wird.

Um zu starten, brauchst du nur eine To-do-Liste und einen Stundenplan. Teil dir die Aufgaben ein, halte dich dran und erschaffe etwas, das bleibt!

Es lohnt sich! Und nun folgen Menschen, denen ich wirklich Danke sagen möchte:

Mama und Papa, weil ihr mir die Fahrkarte *Leben* geschenkt habt.

Meiner kleinen Schwester Sandra, weil die ein oder andere Geschichte ihr Leben beschreibt.

Oma, weil du Recht behalten hast. Manchmal ziehen dunkle Wolken auf und letztlich regnet es doch nicht.

Rita, meiner treusten Leserin.

Jensi, wer zusammen im Radio erwähnt wird, muss auch in ein Buch.

Den Dortmunder-Party-Mäusen, dem konspirativen Treffen, meinem Ex-Nachbar mit Ehefrau, für bierdurchtränkte Abende und durchtanzte Nächte auf klebrigen Clubtanzflächen.

Hase, weil du die Liebe meines Lebens bist und nicht geglaubt hast, dass es funktioniert.

Mir, weil ich durchgehalten habe, obwohl ich auch nicht geglaubt habe, dass es funktioniert.

Karma!

Inhaltsverzeichnis

Kapitel I - Vorglühen

Kapitel II - Feiern

Kapitel III – Kater

Noch wat!

Wenn meine Geschichten etwas in dir auslösen, schreib doch eine Rezension!

Etwas Aufmerksamkeit für mein Buch, für unsere Stadt, die wir so lieben und für mich als Autorin, wären *nice.*

Einfach mal echtes Handwerk aus der Heimat unterstützen ;)

Ansonsten findest du mich auf:
Insta, unter *Kiezkrach,*
kiezkrach.blog
und in Dortmund.

Bleib gesund und Glück auf,
deine Charly!